HEIDI JANIČEK

Kräuter & Co

Der Genussgarten

ÜBER 15 EINFACHE BEET-IDEEN ZUM NACHMACHEN

HEIDI JANIČEK
Kräuter & Co
Der Genussgarten
ÜBER 15 EINFACHE BEET-IDEEN ZUM NACHMACHEN

Inhalt

Lassen Sie sich inspirieren:
Hier finden Sie Beet-Ideen, die
Ihren Garten schöner machen.

Level leicht ❋ mittel ❋❋ anspruchsvoll ❋❋❋

Zehn Ideen für mehr Genuss im Garten

Bei formalen Kräutergärten dreht sich alles um Symmetrie und geometrische Muster. Kies oder niedrige Hecken bilden ordnende Elemente.

Für den einen ist Garten eine große Wildblumenwiese, für den anderen eine Fülle von prächtigen Blumenrabatten, für den Dritten ist es ein kleines Gemüsebeet. Und so unterschiedlich die Vorstellungen von einem idealen Garten sind, so vielseitig sind die zehn Gartenideen in diesem Buch. Ob formales Kräuterbeet, üppiger Bauerngarten oder leckere Naschereien im Pflanztopf auf der Terasse – hier findet sich für jeden Geschmack eine umsetzbare Idee.

Die Beet-Ideen erfassen verschiedene Situationen, die sich in vielen Gärten wiederfinden, und je nach Garten lassen sich die einzelnen Projekte auch kombinieren (→ Abb. Seite 4). Auf der Terrasse, am Zaun, in der Sonne oder im Schatten, überall kann es duften und blühen und zum Ernten verlocken.

Jedes der zehn Projekte beginnt mit der Vorstellung der Beet-Idee. Wie das Beet aussehen wird, wenn alles gut eingewachsen ist, zeigt Ihnen das große Foto auf der ersten Doppelseite. Auf den folgenden Seiten stehen allgemeine Informationen zum idealen Standort, zur besten Pflanzzeit und zum Pflegeaufwand. Damit es gleich losgehen kann, finden Sie hier auch eine Einkaufsliste und einen Pflanzplan.

Auch für Ungeübte

Der jeweilige Schwierigkeitsgrad von 1 (leicht) bis 3 (anspruchsvoll) ist in der Kurzinfo angegeben. Fast alle Projekte sind auch für Einsteiger leicht umsetzbar – dafür sorgt die genaue Arbeitsanleitung, die auf die Einleitung folgt. Fangen Sie einfach an, Sie werden sehen: Für diese Projekte brauchen Sie kein Profi zu sein. Die Bildfolgen zeigen Ihnen Schritt für Schritt, wie Sie Ihr Beet richtig anlegen.

Als Nächstes werden die Pflanzen in kurzen Porträts vorgestellt. Es handelt sich in der Regel um pflegeleichte Pflanzen aus dem gängigen Sortiment. Sie bekommen sie im Gartencenter oder beim Gärtner um die Ecke. Lediglich unter den Kräutern finden sich auch ungewöhnlichere Vertreter. Diese bestellen Sie einfach und in

guter Qualität im Internet bei Spezialgärtnereien (→ Adressen Seite 156).
Die Symbole unter den Fotos zeigen die Lichtansprüche der Pflanzen und die Verwendungsmöglichkeiten (Duftpflanze, Schnittblume, essbare Pflanze). Hinzu kommen Symbole für Pflanzen, die Insekten anziehen (Insektenmagnet), nicht winterhart (Winterschutz) oder giftig sind. Das Symbol für Ein- oder Zweijährige markiert Pflanzen, die regelmäßig ersetzt werden müssen. Alle Pflanzen ohne dieses Symbol sind Zwiebel- oder Knollenpflanzen oder Stauden, also mehrjährig.
Auf der Doppelseite zur Pflege schließlich werden Sie sehen: Alle vorgestellten Projekte sind pflegeleicht und machen wenig Arbeit. Wenn Sie Ihrem Garten etwas Aufmerksamkeit schenken, danken es Ihnen die Pflanzen mit üppigem Wachstum, kräftiger Blüte und reichlicher Ernte.
Einige Projekte schließen mit einer Beet-Alternative ab. Dieses Beet verfolgt dieselbe Idee, aber in einer anderen Ausführung. Hier zeigen die Porträts nur die vier auffälligsten, typischsten Beetbewohner.
Zwischen den Projekten finden sich Sonderseiten zu allgemeinen Themen. Hier erfahren Sie in Kürze Wissenswertes über Boden, Werkzeug, Vermehrung und vieles mehr.

Neues Entdecken

Um Ihnen den Einstieg ins Gärtnern zu erleichtern, sind die Beete eher klein gehalten. Wenn Sie schon geübt sind oder nach einiger Zeit größere Herausforderungen im Garten suchen, vergrößern Sie die Anlage einfach. Oder Sie verbinden Beete mit ähnlichen Ansprüchen miteinander – etwa ein mediterranes Beet, eine Trockenmauer und seine Alternative.
„Glück entsteht oft durch die Aufmerksamkeit in kleinen Dingen.“ So schrieb Wilhelm Busch. Probieren Sie es aus und lassen Sie sich verführen, von den Blumenporträts wie von den Bildern in den Arbeitsanleitungen. Bekommen Sie Lust, nach einem langen Tag am Schreibtisch zu graben, zu pflanzen und Steine zu schichten? Gärtnern ist eine Beschäftigung, die ganz von selbst alle unsere Sinne anspricht. Einen Kräutergarten anlegen, ein schattiges Blumenbeet schaffen, eine kleine Trockenmauer bauen, all das sind spannende und genussvolle Aktionen. Das Gute ist: In Ihrem Garten können Sie ausprobieren und auch Fehler machen, hier nimmt Ihnen das keiner übel. Und lassen Sie sich von Kindern helfen. Sie zeigen Ihnen, dass im Garten kreativ tätig zu sein keine Arbeit ist.

Garten für die Sinne

Haben Sie sich an ein neues Beet gewagt, streifen Sie fortan voller Genuss durch Ihren Garten! Ernten Sie Duftendes und Aromatisches für Ihren Speisezettel und bereichern Sie Ihre kulinarischen Kreationen um unerwartete Geschmacksvarianten: Zitronenminze, Afrikanischer Basilikum, Kümmelthymian, Rosenblätter, Indianernessel oder Lavendel, sie alle warten nur darauf, von Ihnen entdeckt zu werden.

Hier ist die Natur selbst das Vorbild: Im natürlichen Garten überwiegen geschwungene Formen. Kräuter für Küche und Gesundheit wachsen und blühen in üppiger Fülle nebeneinander.

Frisch ans Werk

HELLE BLÜTEN UND FRISCHGRÜNE BLÄTTER BRINGEN LICHT IN DUNKLE ECKEN. WO VORHER NUR SCHÜTTERER WILDWUCHS WAR, SIND SCHATTENLIEBHABER ZUM LEBEN ERWACHT.

1

Duftige Blüten im Schattenbeet

Lichtblicke für schattige Winkel

Das braucht man dazu:

PFLANZEN

a) 2 × Becherfarn
Matteucia struthiopteris

b) 1 × Buchsbaum
Buxus sempervirens 'Faulkner'

c) 2 × Geschlitztblättriger Geißbart
Aruncus dioicus 'Kneiffii'

d) 10 × Lungenkraut
Pulmonaria saccharata 'Sissinghurst White'

e) 2 × Tränendes Herz
Dicentra spectabilis 'Alba'

f) 10 × Tulpe
Tulipa 'Spring Green'

g) 10 × Waldmeister
Galium odoratum

ZUBEHÖR

Schaufel, Handschaufel, Rechen, Schubkarre, Vlies, Komposterde, Gartenerde

KURZINFO

Anlage	März – November
Standort	schattig
Bodentyp	humos, locker
Beetgröße	3 × 1,5 m
Zeitbedarf	3–4 Std.
Pflegebedarf	1–2 Std./Monat
Level	*

Üppiges Grün, blühende Vielfalt in allen Farben und summende Insekten – so soll ein Garten aussehen. Die meisten der farbenfrohen Gartenschönheiten aber sind sonnenhungrig. Was also tun, wenn der Vorgarten nach Norden zeigt oder Sie ein schattiges Plätzchen unter einem Baum bepflanzen wollen? Auch hier brauchen Sie nicht auf schmucklose Bodendecker zurückzugreifen, denn es gibt Pflanzen, die im Schatten oder Halbschatten erst richtig zum Leben erwachen.
Viele der Schattenliebhaber in diesem Beet sind ursprünglich Waldbewohner: Waldmeister, Geißbart, Lungenkraut und Becherfarn gehören dazu. Ihre weißen Blüten und hellen Blätter bringen Glanz in schattige Gartenecken. Jetzt noch ein kleiner Buchs, ein weißes Tränendes Herz und einige weiß-grüne Tulpen – fertig ist ein pflegeleichtes und elegantes Schattenbeet. Bereits nach einem Jahr wird es aussehen, als hätte es schon immer Ihren Vorgarten geziert.
Die hellgrünen Blattquirle des Waldmeisters drängen schon Anfang April aus der Erde. Dieser unverzichtbare Bewohner schattiger Gartenecken überwächst unschöne Plätze und zwängt sich aus allen Ritzen. Er braucht nur wenige Zentimeter Erde und ist nahezu unverwüstlich. Im Mai würzt

er die Waldmeisterbowle. Pflücken Sie ein Sträußchen, bevor die Blütensternchen sich ganz öffnen. Dann lassen Sie es an einem schattigen Platz etwas welken. Für eine halbe Stunde in Weißwein oder Sekt gezogen, vermittelt sein Duft und Geschmack: Es ist Frühling!
Die weiß-grüne Tulpe verstärkt die lichte Wirkung der Pflanzung im Frühjahr. Früh blüht auch das zarte Tränende Herz. Es wirft sich Anfang April ein weißes Festtagskleid über. In warmen Jahren blüht es manchmal schon früher.
Je nach Witterung zieht sich das weiße Herz oft schon am Sommeranfang zurück, um im nächsten Frühjahr noch kräftiger zu erscheinen. Nun hat der Geißbart genügend Platz. Im Herbst schmückt sein farbiges Blattwerk dann noch einmal das Beet.
Den vorderen Abschluss bildet das silbergefleckte Blattwerk des Lungenkrauts. Es zeigt ab März seine weißen Trichterblüten. Haben Sie keinen festen Beetrand, wächst es langsam in den Rasen. Dann mähen Sie es im vorderen Bereich einfach mit ab. Sollten Schnecken ihm zusetzen, pflanzen Sie stattdessen Walderdbeeren, einen essbaren, absolut unempfindlichen Bodendecker.
Im Hintergrund des Beetes steht der Becherfarn. Ist der Boden feucht genug, wächst er langsam über die Beetränder hinaus. Für grüne Struktur sorgt auch der kleine, gedrungene Buchs. Selbst dem tiefen Winterschnee trotzt die immergrüne Kugel. Er wächst sehr langsam und braucht nur geschnitten zu werden, wenn Sie eine perfekte Kugel haben möchten.
Sind Sie, was weiße Blütenpracht anbelangt, auf den Geschmack gekommen? Dann schmökern Sie an trüben Wintertagen in Katalogen und bestellen Sie schon für das nächste Jahr: weiße Scilla, Krokus, Narzissen oder die maiblütigen Waldhyazinthen. Sie alle warten nur darauf, im Herbst von ihnen gepflanzt zu werden. Zwiebelblumen kann man nie genug haben! Das sind übrigens die einzigen Pflanzen in diesem Beet, die Sie immer wieder einmal erneuern sollten, wenn sie nicht mehr schön blühen.

Blühendes Leben unter Gehölzen

Vielleicht haben Sie eine schattige Ecke unter alten Haselnusssträuchern oder einem Baum und möchten, dass auch hier Blumen blühen. Hier haben es Ihre Stauden etwas schwerer, denn die Wurzeln des Gehölzes konkurrieren mit den Wurzeln der Stauden um Platz und Nahrung. Da schafft ein einfacher Trick Abhilfe: Legen Sie ein Vlies unter den Strauch oder Baum. Das ist ein wasserdurchlässiger Stoff, den die Wurzeln nicht durchdringen können. Sie bekommen es im Baumarkt. Auf das Vlies schütten Sie Erde auf und pflanzen Ihre schattenverträglichen Pflanzen (→ Seite 12–13).
Beachten Sie dabei, dass nur ein Teil der Gehölzwurzeln überdeckt wird, da die Wurzeln den Luftaustausch brauchen. Bei gesunden Gehölzen reicht der Wurzelraum meist weit über die Krone hinaus. Sie können deshalb nichts falsch machen, wenn das Beet höchstens ein Viertel des Raumes einnimmt, den die Krone überdacht. Nur unter Buchen und Obstbäumen sollten Sie kein Beet anlegen, sie mögen es nicht, wenn man ihre Wurzeln überdeckt.

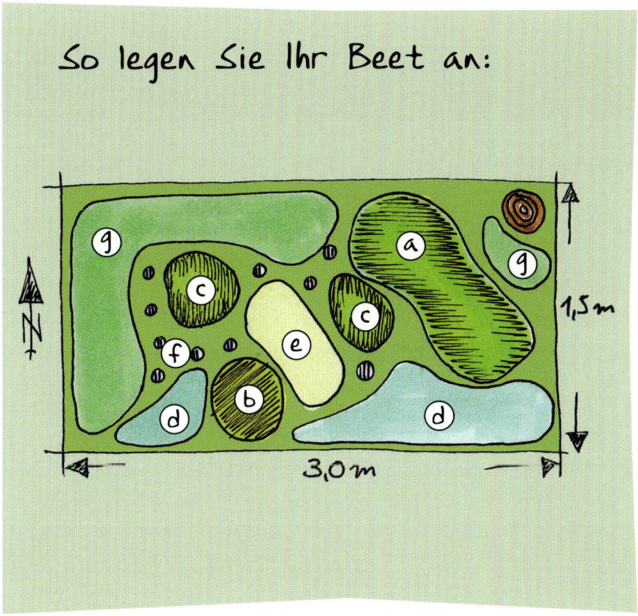

SO KOMMT LEBEN INS SCHATTENBEET

Haben Sie alle Zutaten bereit? Stauden sind das ganze Jahr über erhältlich, deshalb können Sie jederzeit beginnen. Wenn Sie das Beet unter einem Baum anlegen, dann schneiden Sie als Erstes das Vlies in Form und legen Sie es auf die vorgesehene Fläche. Damit Waldmeister und Lungenkraut am Rand noch einige Zentimeter hoch Erde zum Wachsen haben, endet das Vlies kurz vor der Beetkante, d. h. es ist kleiner als das Beet. Der Boden, den Sie für dieses Beet brauchen, sollte einem Waldboden ähneln: locker und leicht, humos mit frisch verrotteten Blättern (→ Seite 75). Kaufen Sie deshalb im Gartencenter oder einem nahe gelegenen Kompostierwerk Komposterde. Dann mischen Sie Ihre eigene Gartenerde mit der Komposterde im Verhältnis 2:1.
Mit dem fertigen Substrat bilden Sie nun einen flachen Hügel auf dem Vlies. An den Stellen, an denen die größeren Stauden laut Pflanzplan stehen sollen, sollte er etwa 30 cm hoch sein, damit die Pflanzen genug Wurzelraum haben. Die Ränder des Hügels laufen ganz flach aus – so sieht Ihr Beet natürlicher aus und wirkt bald, als wäre es schon immer da gewesen.
Legen Sie das Beet nicht unter Gehölzen, sondern z. B. an der Nordseite des Hauses an, können Sie auf das Vlies verzichten. Dann verbessern Sie nur den Boden, indem Sie eine etwa 10 cm hohe Schicht Komposterde einarbeiten.
Während Sie das Beet vorbereiten, sollten Sie alle Pflanzen noch einmal gut wässern: Legen Sie sie so lange in einen großen Kübel oder die Schubkarre mit Wasser, bis der Ballen sich vollgesogen hat. So wachsen die Pflanzen besser an. Dann können Sie mit dem Pflanzen beginnen. Achten Sie dabei darauf, nicht durch unnötiges Betreten die lockere Erde zu sehr zu verdichten.
Legen Sie das Tränende Herz und die Farne zuerst aus, dann den Buchs. Danach erst kommen die Bodendecker. Setzen Sie nun alle Pflanzen so tief ein, wie sie im Topf gestanden haben. Ist die Pflanze schon fest verwurzelt, nehmen Sie den Topf in die Hand und schlagen ihn kräftig auf einen Stein oder eine andere harte Unterlage. Der Topf wird zu Bruch gehen, aber die Pflanze nimmt dabei weniger Schaden, als wenn Sie lange an ihr ziehen.
Im Herbst erst kommen die Blumenzwiebeln an die Reihe. Kleine Zwiebeln werden dreimal so tief, große Zwiebeln etwa zweimal so tief, wie sie hoch sind, gepflanzt. Auf keinen Fall sollten sie aus der Erde herausspitzen, sonst fallen sie dem Frost zum Opfer. Über die Jahre hinweg richten sich die Zwiebeln im lockeren Boden auch selbst in der richtigen Höhe ein, Sie können also gar nicht viel falsch machen!
Nach dem Pflanzen und in Trockenperioden das Gießen nicht vergessen. Das neu angelegte Beet lange und durchdringend wässern, das Wasser soll um die Pflanzen herum kurzzeitig stehen bleiben.

1 **Vlies auslegen:** Auf der von Unkräutern befreiten Fläche wird das Vlies ausgelegt. Das Vlies brauchen Sie nur, wenn Ihr Beet unter einem Baum oder Strauch entstehen soll.

2 **Gemisch aufbringen:** Gartenerde mit Komposterde im Verhältnis 2:1 mischen. Arbeiten Sie mit Schaufel oder Grabegabel das Substrat gut durch. Um das Vlies nicht zu verletzen, mischen Sie in der Schubkarre oder auf einem Haufen neben dem Beet. Dann formen Sie den Hügel.

3 **Pflanzen auslegen:** Um die Abstände richtig beurteilen zu können, werden zuerst alle Pflanzen wie im Pflanzplan angegeben ausgelegt und dann erst eingesetzt.

4 **Pflanzen:** Mit der kleinen Schaufel ein passendes Loch ausheben. Nehmen Sie die Pflanze aus dem Container, setzen Sie sie ein und drücken Sie die Erde gut fest.

5 **Blumenzwiebeln setzen:** Im Herbst setzen Sie die Blumenzwiebeln ein. Die Faustregel lautet: Die Zwiebel wird zwei- bis dreimal so tief eingepflanzt, wie sie hoch ist. Schaut sie aus der Erde heraus, kann es sein, dass sie den nächsten Frost nicht übersteht.

DIE HERZBLUME UND IHRE HELLEN VASALLEN

1 Becherfarn
Matteucia struthiopteris

HÖHE: 60–120 cm
Wie alle Farne mag auch dieser einen humosen Boden. Ist es ihm zu trocken, werden die Wedel braun, daher auf genügend Feuchtigkeit achten. Der Becherfarn, auch Straußenfarn genannt, bildet Ausläufer und breitet sich rasch zu dichten Beständen mit imposanten Trichtern aus. Die Blätter sterben im Winter ab, im zeitigen Frühjahr entrollt sich das **frische Blattwerk** aufs Neue.

1

2

2 Buchsbaum
Buxus sempervirens 'Faulkner'

BLÜTEZEIT: Juli, **HÖHE:** 100 cm
Der robuste Buchsbaum gedeiht hier in seiner kleinwüchsigen Form. Im Frühjahr vor dem Austrieb oder im August wird er zur Kugel geschnitten. Auch ungeschnitten wächst er rundlich und kompakt. Im Winter färben sich einige Blattspitzen braunrot. Er ist gut **frosthart** und kann draußen überwintern.

3 Geschlitztblättriger Geißbart
Aruncus dioicus 'Kneiffii'

BLÜTEZEIT: Juni – Juli, **HÖHE:** 70 cm
Der Geißbart bevorzugt eher feuchte Böden. Sein feinteiliges Blattwerk schiebt er Ende Mai hervor. Er ist zurückhaltender im Wuchs als der imposante, heimische Waldgeißbart und ist deshalb in diesem Beet ein guter Partner. Seine **cremeweißen Blütenwolken** zeigt er in den Sommermonaten. Mit gelbem Laub und den lange zierenden, verblühten Rispen geht er in den Herbst. Diese pflegeleichte Staude ist schwach giftig.

3

Sonne Halbschatten Schatten Ein-/Zweijährige essbar

4 Lungenkraut

Pulmonaria saccharata 'Sissinghurst White'

BLÜTEZEIT: März – Mai, **HÖHE:** 20 cm
Es liebt lockere, eher feuchte, humose Böden. Dann bedeckt es bald freie Bodenflächen mit **silbergeflecktem** Laub. Blütenstiele nach der Blüte entfernen!

5 Tränendes Herz

Dicentra spectabilis 'Alba'

BLÜTEZEIT: April – Mai, **HÖHE:** 50–70 cm
Das Laub ist spätfrostgefährdet und verwelkt bald nach der Blüte. Erst abschneiden, wenn es braun ist. Wird die weiße **Herzblume** zu groß, kann sie geteilt werden.

6 Tulpe

Tulipa 'Spring Green'

BLÜTEZEIT: April – Mai, **HÖHE:** 30–40 cm
Schneiden Sie verblühte Stiele bis zur Hälfte ab. Die Blätter erst entfernen, wenn sie verwelkt sind. Wenn sie im nächsten Jahr nicht wieder blüht und nur Blätter entwickelt, pflanzen Sie im Herbst **neue Zwiebeln**.

7 Waldmeister

Galium odoratum

BLÜTEZEIT: April – Mai, **HÖHE:** 20 cm
Der Waldmeister bedeckt schnell weite Flächen. Wird er zu groß, Triebe einkürzen. Bei Trockenheit will er gewässert werden. Frisch oder getrocknet aromatisiert er **Bowlen**, Obstsalate, Süßspeisen oder Tees.

Duft Winterschutz Schnittblume Insektenmagnet giftig

SO HALTEN SIE IHRE SCHATTENPFLANZEN FIT

1 **Buchs schneiden:** Schneiden Sie den Buchs mit einer scharfen Schere (Schafschere) zu einer Kugel. Zwischendurch immer wieder von allen Seiten betrachten, dann wird sie gleichmäßiger.

2 **Waldmeister kürzen:** Wird der Waldmeister nach der Blüte unschön und zu lang, schneiden Sie die Triebe kurz über dem Boden ab.

3 **Tränendes Herz teilen:** Wenn die Herzblume sehr groß geworden ist, können Sie sie im Herbst teilen. Dazu den Wurzelstock ausgraben und mit der kleinen Schaufel teilen. Einen Teil wieder ins Beet setzen und gut wässern. Den anderen Teil anderswo pflanzen oder verschenken.

Dieses Beet ist wirklich pflegeleicht. Freie Stellen überwächst der Waldmeister mit Leichtigkeit. Bereits nach einem Jahr wird Ihr Beet aussehen, als wäre es schon immer da gewesen.

FRÜHLING

Alles Verwelkte entfernen Sie spätestens im Frühling und geben es auf den Kompost. Dann arbeiten Sie jedes Jahr eine 5 cm dicke Schicht Komposterde in den Boden ein. Die Sporenblätter vom **Becherfarn** können Sie dicht über den braunen, noch eingerollten Blättern abschneiden. Ist eine Pflanze abgestorben, lassen Sie den Stummel ruhig stehen, die Bodenlebewesen werden ihn schon zu Erde verarbeiten.

4 **Ausläufer versetzen:** Boden um den jungen Farn herum abstechen. Den unterirdischen Ausläufer mit dem Spatenblatt durchtrennen. Vorsichtig herausnehmen – er hat kaum Wurzeln!

Für den typischen Duft des Waldmeisters ist das Cumarin verantwortlich. Es kann in größeren Mengen Kopfschmerzen verursachen.

Becherfarne treiben Ausläufer. Verpflanzen Sie die jungen Farne, wenn der Bestand zu groß wird oder der Farn den anderen Stauden den Platz wegnimmt (→ Abb. 4).
An heißen Tagen Erdfeuchte überprüfen und bei Bedarf morgens und/oder abends gießen. Prüfen Sie aber nicht nur die Oberfläche, sondern die Feuchtigkeit in mindestens 10 cm Tiefe.
Auch der **Buchs** wird nun in Form geschnitten (→ Abb. 1): Vor dem Austrieb ist der richtige Zeitpunkt. Alternativ schneiden Sie im Sommer, nachdem der helle, neue Trieb dunkelgrün wurde. Längere Triebe als Stecklinge verwenden!

SOMMER

Hat sich der **Waldmeister** schon wieder breitgemacht? Entfernen Sie ihn im Frühsommer aus den unerwünschten Bereichen. Die langen Triebe kürzen Sie ein, so bildet er wieder einen frischen, grünen Teppich dicht über dem Boden.
Nutzen Sie gleich die Gelegenheit! Trocknen Sie die Blätter im warmen Schatten und füllen Sie Duftsäckchen damit. Bad, Auto, Küche, Kleiderschrank, alles parfümiert sein zarter Duft.

In Regenperioden nach Schnecken Ausschau halten – sie lieben mancherorts die zarten Blätter des **Lungenkrauts**. Unschöne Blätter des **Tränenden Herzens** abschneiden. Sollten Sie es im Frühjahr versäumt haben, dann schneiden Sie jetzt den **Buchs**. In Trockenperioden weiterhin gießen.

HERBST

Wieder eine dünne Decke Kompost aufbringen. Machen Sie es wie im Wald und lassen Sie das Laub liegen. Wenn Sie es ordentlich haben wollen, können Sie die braunen **Farnblätter** jetzt schon entfernen. Direkt vor Ort klein geschnitten und zwischen die Stauden gestreut, werden sie bald von Bodenlebewesen zerkleinert und zu neuem Waldboden verarbeitet. Nimmt der Farn immer noch zu viel Raum ein? Dann können Sie die Ausläufer auch jetzt versetzen.
Wenn Sie neue **Blumenzwiebeln** stecken, dann schauen Sie im Plan nach, wo schon welche stehen, damit Sie die alten Zwiebeln nicht verletzen. Auch die neuen im Plan notieren. Jetzt ist auch die richtige Zeit, um das **Tränende Herz** zu teilen, wenn es zu groß geworden ist (→ Abb. 3).

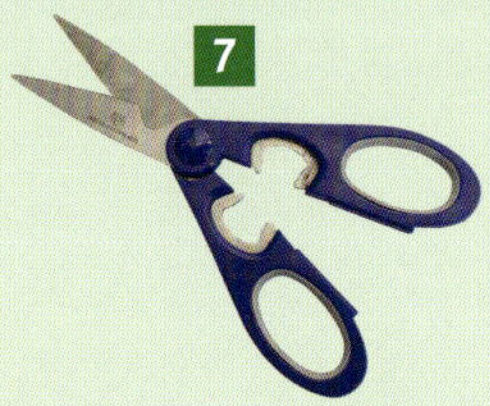

WERKZEUG FÜR DEN GARTEN

Beim Kauf aller Werkzeuge lohnt es sich, auf Qualität zu achten und auch eine größere Investition nicht zu scheuen. Dann können Ihre Gartengeräte Sie ein Leben lang begleiten.
Haben Sie sich für Edelstahl entschieden, brauchen Sie die Metallteile nicht zu pflegen. Aber es gibt auch ausgezeichnete Geräte aus geschmiedetem Eisen, diese sollten Sie vor dem Winter einölen. Auch allen Holzstielen tut eine Behandlung mit warmem Leinöl (das zieht gut ein) gleich nach dem Kauf und vor der Winterruhe gut. Leinöl härtet mit der Zeit aus und verleiht so den Holzstielen eine zusätzlich Festigkeit und eine glatte Oberfläche. Gartenscheren pflegen Sie nach Gebrauch nicht mit Leinöl, sondern mit einem guten Maschinenöl.

1 Kein Garten ohne Spaten

Kaufen Sie einen Spaten mit einem stabilen Blatt und Stiel, denn mit diesem Werkzeug graben Sie schwere Böden um. Auch Sträucher und andere Pflanzen graben Sie damit aus.

2 Grabegabel: lockert in der Tiefe

Bei eher steinigen, lockeren Böden verwenden Sie zum Umgraben besser eine Grabegabel. Auch Unkraut graben Sie mit ihr aus, so werden die Wurzeln nicht unnötig in kleine Stücke zerteilt. Kaufen Sie, wenn möglich, eine Gabel mit breiten Zinken, denn auf ihnen bleibt die Erde besser liegen.

3 Fürs Grobe: große Schaufel

Für manche Arbeiten im Garten ist eine Schaufel nötig: Grabegabel und Spaten fassen zu wenig Substrat, ein größeres Loch z. B. heben Sie mit der Schaufel mit ihrem gebogenen Blatt schneller aus. Kaufen Sie ein Gerät, das nicht zu schwer ist: Ein Haufen nasser Erde und dazu noch das Gewicht eines schweren Schaufelblatts strapazieren Ihre Kräfte oft schon in kurzer Zeit.

4 Handschaufel – klein, aber oho

Sie ist zum Pflanzen von Stauden und Ausgraben von Unkraut unentbehrlich. Setzen Sie auch hier auf Qualität: Billiger Stahl bricht leicht am Ansatz der Schaufel. Oder gehören Sie zu den „Kleine-Schaufeln-im-Garten-Verlierern“? Dann ist die Anschaffung mehrerer, billiger Schaufeln vielleicht besser.

5 Der Rechen glättet Oberflächen

Laub und die Oberfläche neuer Beete recht ein guter, stabiler Gartenrechen. Durch mehrfaches Hin- und Herziehen der Zinken auf der Oberfläche wird der Boden schön feinkrümelig.

6 Die Kreuzhacke: zwei in einem

Das ist das Lieblingswerkzeug vieler Gärtner. Zum Einpflanzen ist es ideal: Mit der spitzen Seite beginnen Sie, ein Loch zu graben, mit der flachen graben Sie weiter. Vor dem Blatt dann die Pflanze einsetzen – fertig! Auch zum Jäten von Unkraut oder zum Harken der Beete unentbehrlich.

7 Kräuterschere: ideal zum Ernten

Ernten Sie die Kräuter mit einer Kräuterschere, damit Sie die weichen Stängel nicht quetschen. Alternativ geht auch eine scharfe Haushaltsschere, die Sie nur für Ihre Kräuter verwenden.

8 Gartenschere: bringt alles in Form

Es gibt zwei Typen: Eine Bypassschere besitzt eine scharfe Klinge, die an einer feststehenden Gegenklinge vorbei gleitet. Sie ist ideal für sehr präzise Schnitte. Bei der Ambossschere trifft eine scharfe Klinge auf einen Amboss. Sie eignet sich besonders für kraftvolle Schnitte durch dicke Zweige.

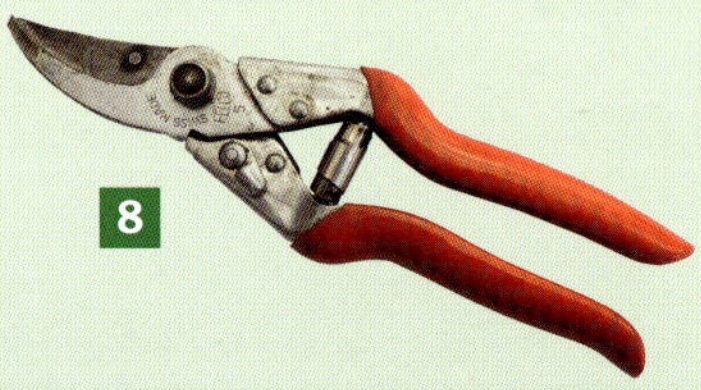

5
3
2
1
4
6

Vom Topf in den Mund

IN DIESEM TOPF AUF DER TERRASSE IST ALLES ESSBAR: TOMATEN UND BASILIKUM, BOHNEN, FRISCHE KRÄUTER FÜR DEN SALAT, UND ALS NACHTISCH GIBT ES ERDBEEREN.

2

Eine Terrasse zum Naschen

Ein bunter Topf voller Köstlichkeiten

Das braucht man dazu:

PFLANZEN

a) 1 × Ananasminze
Mentha suaveolens 'Variegata'

b) 1 × Basilikum
Ocimum basilicum

c) 1 × Bohne
Phaseolus vulgaris 'Blauhilde'

d) 2 × Erdbeere
Fragaria × ananassa

e) 2 × Kapuzinerkresse
Tropaeolum majus 'Alaska Mixed'

f) 1 × Ringelblume
Calendula officinalis

g) 1 × Tomate
Lycopersicon esculentum

ZUBEHÖR

Pflanzgefäß mit Untersetzer, Blähton, Vlies, Tomatenerde, Seramis, Tomatenstab, Kübel, kleine Schaufel, Schubkarre oder Wanne

KURZINFO

Anlage	ab Anfang Mai
Standort	sonnig
Bodentyp	humos
Topfgröße	min. 60 cm Ø
Zeitbedarf	1 Std.
Pflegebedarf	3 Std./Monat
Level	✽

Haben Sie ein warmes, sonniges Plätzchen auf Ihrer Terrasse, auf der bisher nur einsam Tisch und Stühle stehen? Dann verschönern Sie doch diesen Ort mit einem großen Pflanztopf. Statt bunter Blumen nur fürs Auge wartet dieser hier mit lauter Köstlichkeiten auf. Und er bietet von Anfang an einen prächtigen Anblick! Obst, Gemüse, Blumen und Kräuter: Alles ist hier auf engem Raum versammelt und lockt große und kleine Naschkatzen an. Eine Liege daneben gestellt, und schon wachsen – wie im Paradies – saftige Tomaten, süße Erdbeeren und aromatische Kräuter fast in den Mund.

Bei schönem Wetter kräftig gewässert und hier und da ein wenig Pflege – das ist alles, was die Pflanzen verlangen, um üppig zu wachsen, bunt zu blühen und bald auch für Ihre Küche zur Verfügung zu stehen. Tomaten und Basilikum, Bohnen, frische Kräuter für den Salat und als Nachtisch ein paar Erdbeeren – wer könnte da widerstehen.

In der Mitte der Pflanzung reckt sich eine Tomate in die Höhe. Sie können ein Exemplar Anfang Mai kaufen und einpflanzen. Oder Sie säen ab März eigene Samen auf der Fensterbank in Aus-

saaterde: einfach aus einer frischen, besonders schmackhaften Tomate den Samen entnehmen und direkt in die Erde stecken. Er keimt schon nach wenigen Tagen und wächst eifrig. Das ist besonders für Kinder eine spannende Sache – mit garantiertem Erfolgserlebnis!
Die ausgefallensten Tomatensorten gibt es als Samen im Fachhandel (→ Seite 156). Das Angebot ist riesig: gelb, rot, gestreift, grün, braun, weiß ... und mit den verschiedensten Formen und Oberflächen, ob rund, breit, oval, winzig, riesig, glatt oder gerippt. Also unbedingt ausprobieren! Alles was Sie dazu brauchen, ist ein kühles, sehr helles Fenster, wo die Tomate bis zum Mai wachsen kann. Dann kommt sie nach draußen, und ab Juni ernten Sie schon die ersten Früchte. Besonders die kleinen Cocktail- und Kirschtomaten reifen schnell und beständig bis zum Herbst.
Nur ein wenig Pflege verlangt die Tomate: Die Seitentriebe auszubrechen, den wachsenden Stamm anzubinden und die Triebspitze immer wieder zu kappen sind aber nur kleine Mühen für einen reichen Lohn!

Eine Bohne im blauen Gewand

Weil die Tomate so einen schönen, rauen Stamm besitzt, können Sie eine Bohne an ihm hinaufranken lassen. Die 'Blaue Hilde' ist eine ganz besondere Sorte: Die schmetterlingshaften Blüten und auch ihre Schoten sind blau. Beim Kochen allerdings werden sie grün. Wird die Bohne zu lang, schneiden Sie den Trieb einfach oben ab. Sie wächst dann über Seitentriebe weiter. Wichtig zu wissen, wenn Kinder im Garten sind: Rohe Bohnenkerne enthalten das giftige Phasin, das erst durch Kochen ungiftig wird.
In der unteren Etage dieses Naschtopfes bildet die Erdbeere je nach Sorte ab Juni ihre ersten Früchte. Als Alternative zur angegebenen Art können Sie auch auf die Monatserdbeere zurückgreifen. Sie ist zwar sehr klein, blüht und fruchtet dafür ständig bis zum Herbst. Wollen Sie viele Beeren ernten, schneiden Sie die seitlich herabhängenden, neuen Erdbeerpflänzchen an den langen Ranken ab, sie kosten der Pflanze nur unnötige Kraft. Pflanzen Sie die kleinen Ableger einfach in den Garten oder verschenken Sie sie.

Leckere Blätter und Blüten

Mit essbaren Blüten und Blättern wartet der Rest der kleinen Topfgesellschaft auf. Der prominenteste Gast ist das Basilikum. Mozzarella mit Tomaten und Basilikum wird in diesem Sommer oft gegessen! Und als kleine Farbtupfer ein paar leuchtend orangefarbene Blütenblätter der Ringelblume obenauf. Ihre Blüten schmücken und würzen zusammen mit den weichen, weißen Blättern der Ananasminze Salate und andere Speisen. Auch die Kapuzinerkresse schmeckt in Salaten. Ihre bunten Blüten und das gefleckte Laub sind eine hübsche Dekoration für Tisch und Vase.

INFO

Jedes Jahr aufs Neue

Bis zum ersten Frost bleiben alle Pflanzen in dem großen Topf. Danach ziehen die Mehrjährigen, Erdbeere und Minze, in den Garten um. Dort können sie noch viele Jahre wachsen und gedeihen. Im nächsten Jahr wird der Topf dann wieder mit neuen, jungen Pflanzen gefüllt.

DEN NASCHTOPF RICHTIG BEPFLANZEN

Stellen Sie den Topf in seinem Untersetzer gleich dort auf, wo er den ganzen Sommer lang stehen soll. So brauchen Sie ihn nach der Pflanzung nicht mehr mühsam zu verschieben – und im Eifer der Einpflanzaktion verstreute Erde und Pflanzenteile können auf der Terrasse leicht weggekehrt werden.
Füllen Sie nun Blähton – das sind sehr grobporige Tonkügelchen – in einer Höhe von mindestens 10 cm ein. Diese Kügelchen speichern kein Wasser, sondern dienen als Dränage. So vermeiden Sie, dass Ihre Pflanzen welken, weil die Wurzeln nach ausgiebigem Wässern zu lange im Wasser stehen und nicht atmen können. Alternativ können Sie auch gewaschenen Kies verwenden.
Schneiden Sie nun aus einem Stück Vlies einen Kreis aus, etwas größer als die Fläche über den Tonkugeln. Ein Vlies ist ein wasserdurchlässiges Spezialgewebe, das nicht verrottet. Sie bekommen es im Fachhandel. Dann das Vlies auf den Blähton legen: Es sorgt dafür, dass keine Erde zwischen die Tonkugeln gelangt und so die Dränage verstopft. Die Ränder des Vlieses ragen an der Topfwand etwas hoch.
Nun kommt das Seramis, ein Tongranulat, zum Einsatz. Wenn Sie einmal vergessen haben, rechtzeitig zu gießen, ist die Erde ausgetrocknet und nimmt kein Wasser mehr auf. Es läuft sofort ab und steht dann nur im Untersatz. Seramis aber saugt die Feuchtigkeit auf und gibt sie langsam wieder an die umgebende Erde ab.
Mischen Sie Tomatenerde – ein spezielles Substrat, das Sie ebenfalls im Fachhandel bekommen – und Seramis (etwa 1 Liter) sorgfältig. Das Mischen gelingt am einfachsten in einer Schubkarre oder einer großen Wanne. Suchen Sie sich dafür Hilfe: Kinder lieben das Wühlen in der lockeren Erde ... Wenn Sie dann die Erde in den Topf geben, achten Sie darauf, dass sie die Vliesränder gut an die Topfwände drückt und nicht in den Blähton gelangt.
Ist der Topf gefüllt, als Erstes die Tomate bis zum untersten Blattansatz eingraben und die Erde rundum festdrücken. Nun alle übrigen Pflanzen wie in der Bildfolge beschrieben einsetzen. Drücken Sie die Erde um die Pflanzen gut fest und füllen Sie, wenn nötig, Erde nach. Wenn Sie fertig sind, sollten die Ballen der Pflanzen nicht über die Erdoberfläche herausragen. Aber Sie können wenig falsch machen – neben der Tomate hat nur noch die Erdbeere spezielle Wünsche: Sie mag es nicht, wenn ihr „Herz" unter der Erde liegt – das ist die Stelle ganz unten am Stielansatz, aus der die neuen Blättchen und Blütenstiele treiben.
Drehen Sie als Letztes den Tomatenstab dicht neben der Tomate in den Boden und binden Sie den Stamm etwa alle 30 cm fest. Am Schluss durchdringend gießen: so lange, bis das Wasser im Untersatz stehen bleibt.

1 **Bohne säen:** Im März oder April wird die Bohne in einen Topf mit Aussaaterde gesät. Legen Sie den Kern auf die Oberfläche und drücken Sie ihn nur leicht in die Erde. Bohnen brauchen Luft zum Keimen, sonst faulen sie.

2 **Blähton einfüllen:** Befüllen Sie Ihren Pflanztopf mindestens 10 cm hoch mit Blähton. Alternativ können Sie auch Kies verwenden.

3 **Vlies einlegen:** Damit die Pflanzerde sich nicht mit der Dränageschicht vermischt, wird jetzt ein Vlies auf die Blähtonkügelchen gelegt. Das Vliesstück sollte etwas größer sein als die mit Blähton gefüllte Fläche.

Diese grobporigen Tonkügelchen, Blähton genannt, dienen als Dränageschicht, um Staunässe zu verhindern.

4 **Erde einfüllen:** Jetzt wird Tomatenerde mit Seramis gemischt und eingefüllt. Tomatenerde enthält alles, was Tomate, Bohne und die Kräuter für eine Saison brauchen.

5 **Tomate vorbereiten:** Nehmen Sie die Tomate aus dem Topf. Ist sie schon fest verwurzelt, den Topf aufschneiden. Das dichte Wurzelgeflecht am Boden vorsichtig auseinanderziehen, lange Wurzeln abschneiden.

6 **Tomate pflanzen:** Nun die Tomate etwas tiefer einpflanzen, als sie vorher im Topf stand. Bis zum ersten großen Blatt die Erde anfüllen, dann bilden sich am Stamm neue Wurzeln, die der Pflanze mehr Halt geben.

7 **Kräuter pflanzen:** Jetzt Bohnensämling, Basilikum, Ringelblume, Kapuzinerkresse und Minze einpflanzen. Die Erde gut andrücken, auch nach unten, sonst stehen die Kräuter am Schluss zu hoch. Bei Bedarf Erde nachfüllen.

8 **Erdbeere pflanzen:** Steht die Erde fast bis zur Oberkante des Topfes? Dann pflanzen Sie als Letztes die Erdbeere. Achten Sie darauf, dass der Stielansatz der Blätter kurz über den Wurzeln nicht von Erde bedeckt wird.

9 **Tomate festbinden:** Der alte Tomatenstab wird jetzt entfernt und am besten ein wiederverwendbarer, gedrehter Metallstab nahe des Tomatenhaupttriebes eingesetzt. Mindestens zweimal mit Bast oder Schnur festbinden.

10 **Gießen:** Jetzt wird gegossen. Füllen Sie so lange Wasser ein, bis es im Untersetzer stehen bleibt. Erst dann ist die Erde genügend feucht. Gießen Sie auch weiterhin auf diese Weise, besonders an heißen Tagen.

TOMATE IN KÖSTLICHER NACHBARSCHAFT

1 Ananasminze

Mentha suaveolens 'Variegata'

BLÜTEZEIT: Juli – August, **HÖHE:** 20–30 cm
Die mehrjährige Ananasminze wächst im Lauf des Sommers über den Topfrand bis zum Boden. Sie braucht viel Wasser, ansonsten ist sie **anspruchslos**. Ihre Blätter duften leicht nach Ananas, würzen Tees und schmücken Salate und Blumensträuße. Die langen Ausläufer bilden in Erde oder Wassergefäßen schnell Wurzeln und können eingepflanzt werden. Im Herbst zurückschneiden.

1

2

2 Basilikum

Ocimum basilicum

BLÜTEZEIT: ab Juni, **HÖHE:** 20–60 cm
Warme Sommer, genügend Wasser und fruchtbaren Boden liebt das **sonnenhungrige** Basilikum. Die Spitzen regelmäßig abschneiden, sonst bildet es keine neuen Triebe mehr und beginnt zu blühen. Weniger als 10 °C verträgt es nicht, daher im Herbst rechtzeitig ins Haus holen. Vor Schnecken schützen!

3 Bohne

Phaseolus vulgaris 'Blauhilde'

BLÜTEZEIT: Juni – August, **HÖHE:** bis 3 m
Stangenbohnen brauchen einen humosen Boden und viel Wasser. Im März oder April säen Sie die Bohne aus. Um zu keimen, braucht der Same Luft. Drücken Sie ihn daher nicht zu tief in die Erde, sonst fault er. Ab Mai kann der Sämling dann ausgepflanzt werden. Die Pflanze mag es warm und windgeschützt. Wird der Trieb zu lang, kürzen Sie ihn etwas ein. Es dauert etwa 100 Tage, bis die Bohnen reif sind. Vorsicht: Die rohen **Samen sind giftig**.

3

Sonne · Halbschatten · Schatten · Ein-/Zweijährige · essbar

4 Erdbeere

Fragaria × ananassa

BLÜTEZEIT: Mai, **HÖHE:** 20 cm
Die Erdbeere mag es nicht, wenn der Blattansatz mit Erde bedeckt ist. Schneiden Sie die **dekorativen Ausläufer** ab Juni ab, sonst verausgabt sich die Pflanze.

5 Kapuzinerkresse

Tropaeolum majus 'Alaska Mixed'

BLÜTEZEIT: Juni – September, **HÖHE:** 20–25 cm
Sie braucht viel Wasser, aber einen durchlässigen Boden. Die unreifen Samen und Knospen in Essig eingelegt – **eine Delikatesse**! Auch Blüten und Blätter sind essbar.

6 Ringelblume

Calendula officinalis

BLÜTEZEIT: Mai – September, **HÖHE:** 30–60 cm
Die Ringelblume steht gern sonnig und warm, auf humosem, lockerem Boden. Entfernen Sie laufend Verblühtes, mehr Pflege braucht sie nicht. Die Blütenblätter bereichern Salate. **Ringelblumensalbe** hilft bei Verletzungen.

7 Tomate

Lycopersicon esculentum

BLÜTEZEIT: ab Mai, **HÖHE:** bis 2 m
Humose Erde, viel Wasser und gelegentlicher Dünger versprechen eine **reiche Ernte** den ganzen Sommer über. Seitentriebe regelmäßig entfernen. Grüne Tomaten enthalten Solanin, sie sind roh giftig.

Duft Winterschutz Schnittblume Insektenmagnet giftig

SO SICHERN SIE SICH REICHE ERNTE

1 **Ringelblume pflegen:** Damit die Ringelblume bis zum Herbst Kraft zum Blühen hat, schneiden Sie abgeblühte Stängel bis zum ersten Seitentrieb, der schon Blüten gebildet hat, heraus. Gegen Ende des Sommers einige Blüten stehen lassen, um Samen zu bekommen.

Gießen Sie bei warmem Wetter Ihren Naschtopf jeden Tag. Ansonsten haben Sie viel Freude und wenig Arbeit mit dieser Pflanzung.

FRÜHLING

Ab März können Sie schon die **Bohne** vorziehen. Den Bohnenkern in einen Topf mit Aussaaterde legen, nur leicht mit Erde bedecken und gut feucht und warm halten. Fängt die Bohne an zu klettern, Topf mit einem Stab versehen. Die Bohne bis zum Auspflanzen jetzt sehr hell und kühl stellen. Genauso können Sie auch **Kapuzinerkresse, Ringelblumen** und **Tomate** vorziehen. Die einjährigen Gemüse und Kräuter in diesem Topf vertragen keine Kälte. Warten Sie daher, bis der letzte Frost vorbei ist. Erst dann pflanzen Sie den Topf an.
Scheint die Sonne kräftig, werden bei der **Tomate** bald an der Stelle, wo die Blätter aus dem Hauptstamm kommen, kleine Seitentriebe zu sehen sein. Diese Triebe nehmen dem Hauptstamm Nährstoffe und Wasser. Die Tomatenpflanze soll aber ihre Kraft zum Ausreifen der Früchte verwenden, anstatt Nebentriebe zu ernähren. Brechen Sie deshalb die kleinen, weichen Neutriebe mit den Fingern seitlich aus (→ Abb. 2). Nur den untersten Seitentrieb können Sie bei kleinfrüchtigen Tomaten wachsen lassen.

SOMMER

Im Sommer braucht Ihr Naschtopf viel Wasser! Vorbeugend gegen Pilz- und Bakterienbefall können Sie die **Tomate** mit einer Brühe aus 1 Liter Milch und 6 Liter Wasser oder mit Schachtelhalmtee besprühen. Werden die Blätter hell, braucht die Pflanze etwas Dünger. Immer wieder die neuen Seitentriebe der Tomate ausbrechen und den wachsenden Hauptstamm am Stab befestigen. Die **Bohne** findet von alleine Halt.

Rote Tomaten und **Minze** laufend ernten. Die großen Blätter und die Spitzen des **Basilikums** pflücken, sonst blüht es spätestens ab Juli und bildet keine neuen, jungen Triebe mehr. Entfernen Sie deshalb die Blütenstiele, wenn Sie nicht die weißen Blütenähren genießen wollen.
Die Ausläufer der **Erdbeere** entfernen, sie bleibt dann kräftiger. Pflücken Sie die Blütenblätter der **Ringelblume** und die Blüten der **Kapuzinerkresse** laufend ab. Sie sind eine leckere Dekoration im Salat und hübsch in Blumensträußen. Abgeblühtes der Ringelblume bis zum ersten Seitentrieb mit Knospe einkürzen, dann blüht sie schöner. Probieren Sie auch die Blätter der Kapuzinerkresse, z. B. anstelle von Schnittlauch: Sie schmecken scharf und würzig.

HERBST

Bevor die Temperatur unter 10 °C sinkt, nehmen Sie das **Basilikum** aus der Erde, pflanzen es in einen hübschen Topf und stellen es aufs Fensterbrett. **Erdbeere** und **Minze** können Sie in humose Erde in den Garten pflanzen. Vielleicht finden sich in einer trockenen Schote noch harte, reife Bohnenkerne. Rausnehmen und fürs nächste Jahr aufbewahren.
Haben es ein paar grüne **Tomaten** nicht mehr geschafft zu reifen? Dann jetzt ernten und entweder gleich zu Marmelade verarbeiten oder die Rispen trocken aufhängen und nachreifen lassen. **Ringelblume**, **Tomate**, **Kresse** und **Bohnenpflanze** kommen auf den Kompost, wenn die Blätter vom ersten Frost erfroren sind.

Die Leckereien brauchen im Sommer viel Wasser.

2 **Tomate ausgeizen:** Nur der unterste Seitentrieb bleibt stehen. Alle anderen werden, sobald sie sichtbar sind, über dem Blattansatz am Hauptstamm abgebrochen.

3 **Minze ernten:** Die lang herabhängenden Triebe der Minze können geerntet und zu Tee verarbeitet werden. Wenn schon Seitentriebe sichtbar sind, bis auf diese zurückschneiden. Sonst direkt an einem Blattansatz schneiden, die Minze treibt dann hier zwei neue Seitentriebe.

EIN KÜRBIS IM BUNTEN BLÜTENMEER

Das braucht man dazu:

PFLANZEN

a) 1 × Afrikanisches Basilikum 'African Blue'
b) 2 × Blaue Mauritius *Convolvulus sabatius*
c) 1 × Hokkaido-Kürbis
d) 4 × Löwenmaul, gelb, nieder und hoch
e) 2 × Pfennigkraut *Lysimachia nummularia* 'Aurea'
f) 1 × Süßkartoffel 'Blacky'

ZUBEHÖR

Pflanzgefäß mit Untersetzer, Blähton, Vlies, Blumenerde, Seramis, Kübel, kleine Schaufel, Schubkarre oder Wanne

Eine prächtige Komposition in Purpur, Blau und hellem Gelb ist dieser Pflanzkübel. Anstelle der Tomate gesellt sich ein Hokkaido-Kürbis zu seinen köstlichen Partnern. Auch seine duftenden gelben Blüten sind lecker. Er wächst, wöchentlich mit Dünger versorgt, täglich ein Stück. Die essbare Nachbarschaft besteht aus dem kräftig duftenden Afrikanischen Basilikum und der Süßkartoffel. Beider Laub sorgt für einen dunklen Aspekt. Dazu erstrahlen in Gelb die hohen und niederen Löwenmäulchen. Die langen Blattranken des Pfennigkrauts schimmern golden. Dazwischen setzen die Trichter der Blauen Mauritius himmelblaue Farbtupfer.
Gehen Sie bei der Anlage vor wie in der Bildfolge auf den Seiten 24–27. Statt Tomatenerde nehmen Sie eine gute Blumenerde.

KURZINFO

Anlage	ab Anfang Mai
Standort	sonnig
Bodentyp	humos
Topfgröße	min. 60 cm Ø
Zeitbedarf	1 Std.
Pflegebedarf	3 Std./Monat
Level	*

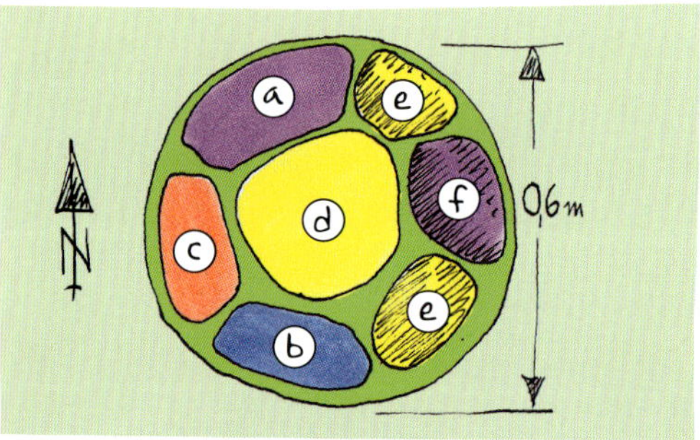

1 Afrikanisches Basilikum
Ocimum kilimandscharicum × basilicum purpurascens 'African Blue'

BLÜTEZEIT: Juni – Oktober, **HÖHE:** 40–60 cm
Ein Basilikum mit starkem Duft. Im Keller überwintern, es **erträgt keinen Frost.** Abgeblühte Stiele laufend herausschneiden. Die Blätter werden frisch oder getrocknet verwendet.

2 Hokkaido-Kürbis
Cucurbita maxima convar. *hubbardiana*

BLÜTEZEIT: Mai – September, **HÖHE:** bis 2 m
Häufiges Düngen lässt den Hokkaido auch im Topf gedeihen. Erntezeit ist im Oktober. Reifen die Früchte nicht, genießen Sie stattdessen die **Blüten als Gemüse.**

3 Löwenmaul
Antirrhinum majus

BLÜTEZEIT: Mai – Oktober, **HÖHE:** 20 und 60 cm
Das Löwenmaul mag nährstoffreichen Boden und dankt es Ihnen, wenn Sie die verblühten Rispen gleich abschneiden. Dann **blüht und duftet** es bis zum Frost.

4 Süßkartoffel
Ipomoea batatas 'Blacky'

BLÜTEZEIT: Aug. – Sept., **HÖHE:** 1 m und mehr
Die Süßkartoffel, ein tropisches Schlinggewächs, wurde schon von den Inkas verwertet. Sie profitiert vom nährstoffreichen Boden. Im Herbst werden ihre **essbaren Knollen** geerntet. Sie sind nicht mit unserer Kartoffel verwandt, werden aber genauso zubereitet.

Sonne · Halbschatten · Ein-/Zweijährige · essbar · Duft · Schnittblume

GARTENBLUMEN RICHTIG PFLANZEN

Soll eine Pflanze in Ihrem Garten gut wachsen, müssen die Lichtverhältnisse und der Boden ihren Ansprüchen entsprechen (→ Seite 74–75). Aber auch wie Sie die Pflanze in die Erde setzen, ist ein Faktor, der über das weitere Gedeihen des neuen Gartenbewohners entscheidet. So haben es Pflanzen, die mit trockenem Wurzelballen eingesetzt wurden, schwerer, denn ein trockener Ballen nimmt auch bei ausgiebigem Gießen nur langsam Wasser auf. Auch die Pflanztiefe ist wichtig und eine Starthilfe in Form von Kompost. Günstigste Pflanzzeiten für Stauden sind Frühling und Herbst, so können sie bis zum warmen Sommer gut einwurzeln.

Da Stauden aber seit einigen Jahren ganzjährig im Topf angeboten werden, ist es möglich, auch ganzjährig zu pflanzen. Im Sommer sollten Sie dann aber in der ersten Zeit kräftig gießen. Gräser und Farne pflanzen Sie am besten im Frühling, Zwiebelpflanzen im Herbst.

1 **Tauchen:** Bis die Pflanzen in Ihrem Garten angekommen sind, haben sie oft zu wenig Wasser bekommen. Die Erde im Topf ist ausgetrocknet, die Blätter sind manchmal schon welk. Stellen Sie die Pflanzen deshalb in einen großen Kübel oder in die Schubkarre voller Wasser und lassen Sie sie so lange darin, bis keine Luftblasen mehr aufsteigen. Beim Herausnehmen sind die Töpfe dann schwer und wassergesättigt. Aber lassen Sie Ihre Schützlinge nicht tagelang im Wasser stehen, die Wurzeln brauchen Luft.

2 **Pflanzloch ausheben:** Als Erstes bereiten Sie den Boden vor, versorgen ihn mit Nährstoffen und lockern ihn bei Bedarf mit Sand auf. Dann legen Sie alle Pflanzen nach Plan aus. So können Sie gleich sehen, ob Sie sie richtig verteilt haben und ob die Abstände zueinander stimmen. Versuchen Sie dabei, den gelockerten Boden nicht unnötig zu betreten. Sonst verdichten Sie den Boden unnötig. Dann heben Sie mit der kleinen Schaufel ein Pflanzloch aus. Es sollte etwas größer sein als der Ballen der Pflanze.

3 **Wurzelballen auflockern:** Nehmen Sie die Pflanze dann aus dem Plastiktopf. Am besten Hand flach auf die Erde legen, die Staude ragt dabei zwischen den Fingern hindurch. Dann den Topf umdrehen, sodass der Ballen jetzt auf Ihrer Hand liegt. Löst sich der Topf nicht leicht vom Ballen, fest mit der Handschaufel auf den Boden des Topfs klopfen. Rührt sich die Pflanze nicht, schneiden Sie den Topf besser auf. Wurzelfilz am Boden der Pflanze auflockern, lange Wurzeln abschneiden. Im Kreis gewachsene Wurzeln ziehen Sie mit den Fingern vorsichtig auseinander.

3

4

4 **Staude einpflanzen:** Entfernen Sie, wenn nötig, noch Gräser oder Moose, die an der Oberfläche des Wurzelballens wachsen. Stellen Sie dann die Staude in das Pflanzloch. Überprüfen Sie die Höhe: Stauden sollen so hoch wie vorher im Topf stehen. Ist das Herz der Pflanze – das ist die Stelle, an der die jungen Blätter aus der Basis sprießen – unter der Erde, wachsen manche Pflanzen schlecht (z. B. Erdbeere, Phlox). Diese Stauden also etwas höher setzen. Dann Erde auffüllen und gut andrücken, um Luftlöcher zu vermeiden.

5 **Angießen:** Stauden nach dem Pflanzen durchdringend gießen, am besten geht das mit dem Wasserschlauch. Das Wasser kann um die Stauden herum kurzzeitig stehen bleiben. Gießen Sie direkt am Wurzelhals, nicht auf die Blätter – Wassertropfen wirken bei Sonne wie ein Brennglas. Bei trockener Witterung in den nächsten Wochen immer wieder gießen. Überprüfen Sie, ob das Wasser auch wirklich in die Tiefe gelangt und nicht nur die obere Schicht benetzt, sonst schickt die Pflanze ihre Wurzeln nicht ausreichend in die Tiefe.

5

„Rosenkavalier" an unserer ‚Bonica'

AN DER TERRASSE SCHWEBEN
DUFTIGE ZARTROSA ROSEN
AUF DER ERSTEN ETAGE.
IHR VIELFARBIGES FUSSVOLK BETÖRT
DIE SINNE MIT SEINEM DUFT.

Rosenstrauß an der Terrasse

Rose und Salbei in dufter Zweisamkeit

Das braucht man dazu:

PFLANZEN

a) 3 × Ausdauernder Goldlack
Erysimum-Hybride 'Bowles Mauve'

b) 8 × Jakobsleiter
Polemonium caeruleum

c) 3 × Purpurgewürzsalbei
Salvia officinalis 'Purpurascens'

d) 1 × Rose, Hochstamm
Rosa 'Bonica 82'

e) 6 × Scheinwaldmeister
Phuopsis stylosa 'Purpurglut'

f) 3 × Schmuckkörbchen
Cosmos bipinnatus 'Sensation mixed'

g) 3 × Taglilie
Hemerocallis-Hybride 'Stella d'Oro'

ZUBEHÖR

Eimer, Schubkarre, Spaten, Schaufel klein und groß, Sand, Komposterde, Bentonit, Hammer, Pfahl, Rosenschere, Rosendünger, Schnur, Hornspäne

KURZINFO

Anlage	März – November
Standort	sonnig, halbschattig
Bodentyp	lehmig bis sandig, nährstoffreich
Beetgröße	2,5 × 1 m
Zeitbedarf	3 Std.
Pflegebedarf	3 Std./Monat
Level	✽

Bei schönem Wetter auf der Terrasse sitzen und sich sommerliche Düfte um die Nase wehen lassen – das klingt nach Ruhe und Erholung. Dieses duftende Beet leuchtet in bunten Farben, die wie eine Streicheleinheit fürs Gemüt wirken. Am Übergang zum Rasen gelegen, können Sie es an Regentagen auch von drinnen genießen. Vielleicht möchten Sie ein Küchenkraut ernten, ohne gleich durch den ganzen Garten zu laufen? Dann verwandeln Sie ein Rasenstück oder ein altes Beet, das Ihnen so gar nicht mehr gefällt, in dieses neue, zauberhafte Rosenbeet. In wenigen Stunden residiert dann ein duftiger Rosenstrauß als Hauptfigur neben der Terrasse. Er schwebt in luftiger Höhe auf einem Stamm und lässt zu seinen Füßen Raum für seine farblich passenden Begleiter. Hier spielt aber einmal nicht der allbekannte Lavendel den Rosenkavalier. Stattdessen nimmt das Purpur eines Salbeis die Farbe der Rose wieder auf, nur viele Schattierungen dunkler. Sein rotblättriges Laub kontrastiert zum silbrigen Rosa der Rosen, zum filigranen Laub des Scheinwaldmeisters und dem Blatt der Lilien. Schnell ein paar Salbeiblätter pflücken, kurz in Butter kross braten und über Nudeln streuen – ein Sommergenuss.

Trocknen Sie die weichen, jungen Blätter im warmen Schatten. So haben Sie bei winterlichen Erkältungen einen heilsamen Tee.
Und welch gute Eigenschaften kann der übrige Hofstaat der Rose vorweisen! Das Dufterlebnis wird Sie überzeugen: Vom Frühjahr an bis in den Herbst wechseln sich die Wohlgerüche ab. Den Anfang macht der purpurne Goldlack. Schon im Frühling wird sein Honigduft Sie bei den ersten Sonnenstrahlen auf die Terrasse locken. Ihm folgt etwas später im Jahr die Jakobsleiter mit duftenden blauen Sternchen. Ihre filigranen Blattpolster bedecken bald den Boden.
Bald darauf schon blüht auch der zierliche Scheinwaldmeister und parfümiert die Luft mit seinem würzigen Geruch. Die robuste Taglilie zeigt den ganzen Sommer über ihre duftenden, gelben Sternblüten. In der Küche schmücken sie sommerliche Salate.

Viel Sonne für das Dufterlebnis

Voraussetzung für dieses Beet ist ein Platz, der mindestens acht Stunden von der Sonne beschienen wird. Liegt er in der Mittagszeit im Schatten, ist das besonders für die Rose an heißen Sommertagen günstig.

Mit der leicht duftenden Rosensorte 'Bonica' haben Sie eine sehr robuste, blühfreudige Sorte in Ihrer Obhut. Auch alle anderen Pflanzen in diesem Beet werden Sie über Jahre hinweg begleiten. Nur das einjährige Schmuckkörbchen will jedes Jahr neu gepflanzt werden. Diesen Aufwand dankt es Ihnen aber mit einer Überfülle großer Schalenblüten in Weiß und Rosé.
Schon bald nach dem Pflanzen wächst der Scheinwaldmeister ungestüm, und bis zum ersten Herbst ist auch der Salbei zu einem stattlichen Strauch geworden. Nach zwei Jahren wird das Beet wirken, als hätte es schon immer Ihre Terrasse gerahmt. Und spätestens nach drei Jahren können Sie bereits beginnen, die Stauden zu reduzieren und auch andere Gartenecken mit Duft und Farbe zu beleben.

INFO

Eine Rose als Hochstamm

Für ein Hochstämmchen wird eine edle Sorte auf den Stamm einer wilden Rose gesetzt. Es gibt sie mit 40, 60, 90 und 140 cm Höhe. Wenn Sie sich für ein kurzes Stämmchen entscheiden, pflanzen Sie einen Zwerg-Salbei darunter, z. B. den weißen *Salvia officinalis* 'Nana Alba'.

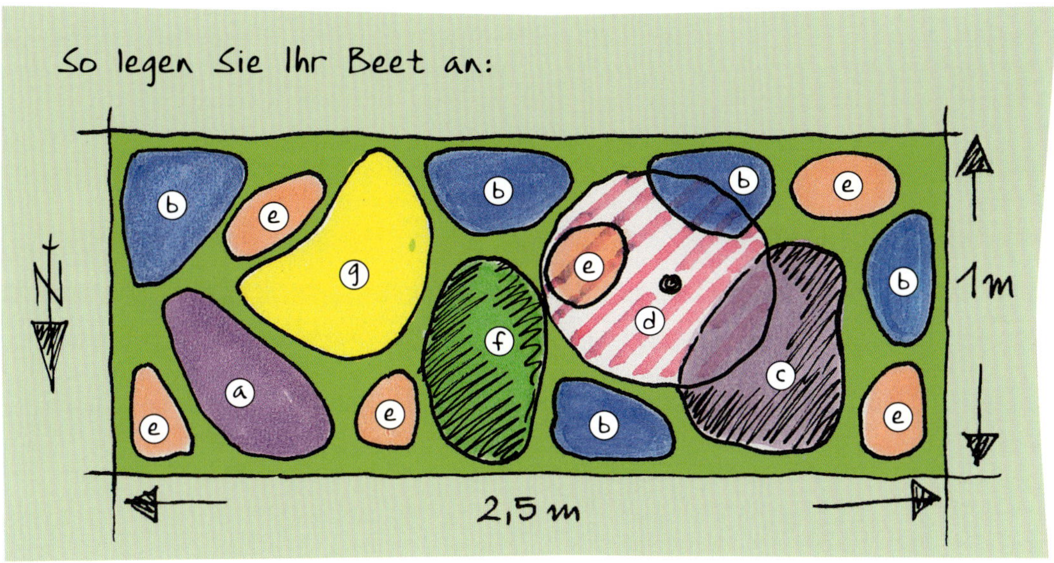

EIN ROSENBEET RICHTIG ANLEGEN

Ihr neues Schmuckbeet an der Terrasse können Sie zu jeder Jahreszeit anlegen. Wenn ein neues Beet entstehen soll, dann heben Sie als Erstes mit dem Spaten die Grasnarbe in dem neuen Beetbereich ab. Eine Anleitung finden Sie auf den Seiten 124–125. Graben Sie dann mindestens spatentief den Boden mit der Grabegabel um. Wenn er sehr locker ist, geht das auch gut mit dem Spaten. Entfernen Sie dabei sorgfältig alle Wurzeln von Unkräutern.

Nun prüfen Sie Ihren Boden (→ Seite 74–75). Rosen lieben fruchtbare, eher lehmige, aber lockere Erde. Ist Ihr Boden schwer, besorgen Sie groben Sand, um ihn aufzulockern. Ist er sehr sandig, hilft Bentonit ihn zu verbessern. Dieses Gesteinsmehl erhöht die Fähigkeit des Bodens, Mineralien und Wasser zu halten – Eigenschaften, die ein sehr sandiger Boden nicht bietet. Jetzt noch Komposterde dazu – bis zu einem Drittel der vorhandenen Erde –, und alle Pflanzen können durchstarten. Das Beet nun möglichst nicht mehr betreten.

Nun setzen Sie das Rosenhochstämmchen wie in der Bildfolge beschrieben ein. Dann legen Sie alle seine Begleiter nach Plan aus – so können Sie besser sehen, ob sie richtig verteilt sind, keine Lücken entstehen und die Abstände stimmen. Überprüfen Sie vor allem, ob die Salbeistöcke genügend Platz haben. Aus den kleinen Pflanzen werden bald große Büsche, die fleißig abgeerntet werden können! Der Salbei ist eine sonnenhungrige Pflanze, die keine Bodennässe mag. Achten Sie deshalb in seinem Umfeld darauf, dass der Boden um den Stock und unter seinen Wurzeln eher sandig ist.

Für den Goldlack wird die Erde auch noch einmal besonders vorbereitet. Geben Sie an seinem Platz so viel Sand in den Boden, bis er ganz locker durch die Finger rieselt. So wird diese etwas empfindliche Schönheit gut wachsen und auch über den Winter kommen. Die außerordentlich robuste Taglilie hingegen kommt mit allen Standorten gut zurecht, egal ob sandig oder lehmig, sonnig oder schattig.

Wie Sie die Pflanzen am besten in die Erde setzen, können Sie auf den Seiten 34–35 nachlesen. Erst ab Mai pflanzen Sie das Schmuckkörbchen, eine Einjährige mit weißen und roséfarbenen Schalenblüten. Um die Pflänzchen selber vorzuziehen, säen Sie die Samen im März in Aussaaterde, halten sie feucht und warten dann einfach ab. Das haben Sie vergessen? Macht nichts, im Fachhandel bekommen Sie diesen fleißigen Blüher sicher auch als kleines Pflänzchen.

1

1 **Wässern:** Rose und Begleiter in einen Kübel oder eine Schubkarre mit Wasser stellen, bis sich die Erde mit Wasser vollgesogen hat.

2

2 **Loch graben:** Jetzt ein Loch – zwei Spaten tief und mindestens doppelt so breit wie der Rosentopf – ausheben. Die Erde lagern Sie seitlich. Lockern Sie den Boden des Pflanzlochs gut mit der Grabegabel auf.

3

3 **Düngen:** Zum Düngen Hornspäne einstreuen und mit der Grabegabel einarbeiten. Den Aushub mit Rosendünger und Komposterde verbessern.

4

4 **Rose vorbereiten:** Rose vorsichtig aus dem Topf ziehen. Ist sie zu fest eingewachsen, Topf an zwei, drei Stellen mit der Gartenschere von oben einschneiden und auseinanderbrechen. Ziehen Sie im Kreis gewachsene Wurzeln auseinander, lange Wurzeln schneiden Sie ab.

5 **Einsetzen:** Füllen Sie etwas Erde in das Pflanzloch und setzen Sie die Rose ein. Lange Wurzeln nach allen Seiten ausbreiten.

6 **Standhöhe überprüfen:** Die Rose sollte eine Handbreit tiefer gepflanzt werden, als sie vorher im Topf stand. So liegt die Wurzel im Winter tief in der schützenden Erde, und der Hochstamm hat einen guten Halt.

7 **Erde auffüllen:** Jetzt die ausgehobene Erde weiter verbessern. Ist Ihr Boden sehr sandig, sollten Sie Bentonit zugeben. Ist er zu schwer, nehmen Sie Sand, um ihn aufzulockern. Mit dieser Mischung füllen Sie nun das Loch auf.

8 **Festigen:** Die Erde um den Stamm gut festtreten und bei Bedarf noch einmal nachfüllen. Mit Erde einen Gießrand um die Rose bilden.

9

9 **Pfahl einschlagen:** Einen etwa 4 cm dicken Pfahl einschlagen. Die Länge des Pfahls so wählen, dass er zu einem Drittel im Boden steckt und oben in die Krone ragt.

Pflanzen können Sie mit weichem Bindedraht oder einer hübschen Schnur an ihre Stütze anbinden. Dieser Clip lässt sich leicht befestigen und wieder abnehmen.

10

10 **Anbinden:** Rosenbinder, weicher, gummierter Bindedraht oder eine hübsche Schnur, in Form einer Acht gebunden, hält die Rose sicher aufrecht. Dazu den alten Bambusstab entfernen und die Rose zweimal am Stamm, einmal in der Krone am neuen Pfahl befestigen.

11

11 **Wässern:** Die Rose durchdringend wässern – das Wasser soll stehen bleiben. Auch in nächster Zeit bei Bedarf gut wässern.

DIE ROSE UND IHRE DUFTENDEN BEGLEITER

1 Ausdauernder Goldlack
Erysimum-Hybride 'Bowles Mauve'

BLÜTEZEIT: April – September, **HÖHE:** 70 cm
Schneiden Sie die verblühten Triebe immer wieder ab, dann bilden sich bis in den September neue Blüten. Diese Pflanze ist mehrjährig, aber meist blüht sie nach einigen Jahren nicht mehr und muss dann nachgepflanzt werden. **Vor Schnecken schützen.** Alle Pflanzenteile, besonders aber die Samen, sind giftig. Im Winter ist der Goldlack für eine Laubdecke dankbar.

1

2

2 Jakobsleiter
Polemonium caeruleum

BLÜTEZEIT: Juni – Juli, September, **HÖHE:** 45 cm
Dies ist eine ausdauernde, Horste bildende Jakobsleiter, die **bis zu zehn Jahre** ungeteilt an ihrem Platz stehen kann. Wenn Sie diese heimische Pflanze nach der Blüte zurückschneiden, treibt sie wieder aus und blüht noch ein zweites Mal im September.

3 Purpurgewürzsalbei
Salvia officinalis 'Purpurascens'

BLÜTEZEIT: Juli – August, **HÖHE:** 40-60 cm
Der Purpurgewürzsalbei ist ein Halbstrauch, der unter einer Laubdecke unseren Winter gut übersteht. Erfriert er in kalten Gegenden trotz Winterschutz, dann wählen Sie stattdessen eine grünblättrige Variante. Die hübschen Lippenblütchen und die Salbeiblätter sind **essbar**. Frittiert über kurz angebratenen Cherrytomaten – hmmm! Schneiden Sie den Strauch immer im Frühjahr zurück, sonst überaltert er und gerät mit der Zeit außer Form.

3

Sonne | Halbschatten | Schatten | Ein-/Zweijährige | essbar

4

4 Rose
Rosa 'Bonica 82'

BLÜTEZEIT: Juni – November, **HÖHE:** 120–150 cm
Diese Sorte ist robust und blühwillig. Regelmäßig düngen. Entfernen Sie ab August Verblühtes nicht mehr, bilden sich Hagebutten. **Winterschutz** ist ratsam.

5

5 Scheinwaldmeister
Phuopsis stylosa 'Purpurglut'

BLÜTEZEIT: Juni – August, **HÖHE:** 20 cm
Diese zierliche, besonders nach Regenfällen stark duftende Staude breitet sich schnell in **dichten Matten** aus. Sie verträgt Trockenheit und Halbschatten. Nach der Blüte kommen die Blattquirle schön zur Geltung.

6

6 Schmuckkörbchen
Cosmos bipinnatus 'Sensation mixed'

BLÜTEZEIT: Juni – Oktober, **HÖHE:** 20 cm
Das schmucke Körbchen mit seinen großen, offenen Blütenschalen wächst und blüht in der vollen Sonne bei regelmäßiger Düngung und warmem Boden das ganze Jahr über. Es ist ein **unkomplizierter Gast** im Garten. Sie können im Herbst Samen abnehmen und es ab März auf der Fensterbank selbst aussäen.

7

7 Taglilie
Hemerocallis-Hybride 'Stella d'Oro'

BÜTEZEIT: Juni – Oktober, **HÖHE:** 45 cm
Wollen Sie **wenig tun und viel genießen**, dann pflanzen Sie Taglilien in Ihrem Garten. In Sonne wie Halbschatten gedeiht diese robuste Pflanze mit ihren grasartigen Blättern. Als Alternative bietet sich eine große Palette vielfarbiger Sorten in unterschiedlichen Höhen an: z. B. die duftende, weiße 'Snow Apparition' mit 70 cm Höhe oder 'Pink Damask' in rosa, 90 cm.

Duft Winterschutz Schnittblume Insektenmagnet giftig

SO BLEIBT DAS ROSENBEET GESUND

2 **Hochstämmchen pflegen:** Am Stamm dürfen keine Seitentriebe wachsen! Entdecken Sie einen, einfach seitlich wegdrücken und abknipsen. Auch neue Triebe aus dem Boden entfernen.

1 **Rose zurückschneiden:** Schneiden Sie welke Blütenstände der Rose bis auf das erste fünfteilige Blatt zurück. Dünne Zweige nehmen Sie ganz weg. So bildet die Rose neue, kräftige Triebe und blüht im Juli wieder üppig.

FRÜHLING

Schon im März können Sie, wenn Sie wollen, **Schmuckkörbchen** auf der Fensterbank aussäen. Wenn kein Nachtfrost mehr zu erwarten ist, entfernen Sie den Winterschutz. Die **Rose** rechtzeitig, bevor die neuen Triebe erscheinen, einkürzen. Schneiden Sie immer über einem nach außen wachsenden Auge. Ab Mai können auch die **Schmuckkörbchen** gepflanzt werden. Hat der **Goldlack** wieder ausgetrieben? Wenn nicht, neue Pflanzen besorgen und überprüfen, ob der Boden locker genug ist. Sonst Sand zugeben.
Spätestens jetzt schneiden Sie den **Scheinwaldmeister** kurz zurück. Beginnt der **Salbei** zu wachsen, halten Sie Ausschau nach den neuen Blättchen im unteren, holzigen Bereich. Dann ganz kurz schneiden, aber so, dass noch grüne Triebe übrig bleiben, die weiterwachsen können. Die obersten Blätter können Sie als Gewürz in der Küche verwenden.

SOMMER

Entfernen Sie immer wieder die verblühten Stiele des **Schmuckkörbchens**. An der Stelle, wo der Haupttrieb Seitentriebe bildet, die schon Blütenknospen tragen, wird geschnitten. Sonst bilden sich Samen, und die Pflanze blüht nicht mehr. Genauso ist es bei der **Rose** (→ Abb. 1). Die Rose bis Mitte Juli mit Rosendünger versorgen. Danach sollen die Triebe nicht mehr länger, sondern kräftiger werden und verholzen, um im Winter nicht zu erfrieren. Unkraut jäten nicht vergessen! Die verblühten Stiele der **Taglilie** ganz unten abschneiden. Bei der **Jakobsleiter** entfernen Sie nach der Blüte nur den oberen Teil des Stängels – aus den darunterliegenden Blattachseln kommen noch mal neue Blüten!

Was tun, wenn ...

... der Goldlack immer wieder erfriert?
Pflanzen Sie als Alternative essbare Pflanzen, z. B. Heidegünsel (*Origanum laevigatum* 'Herrenhausen') mit violetten Blüten oder rosa Lavendel (*Lavandula angustifolia* 'Hidcote Pink').

HERBST

Die **Schmuckkörbchen** und alle abgestorbenen Pflanzenteile kommen jetzt auf den Kompost. Vorher können Sie Schmuckkörbchensamen abnehmen und luftig aufbewahren, um sie im März auszusäen. Den Boden jetzt dünn mit Komposterde bedecken.

Ab November bereiten Sie Ihre Pflanzen auf den Winter vor: Den Fuß der **Rose** häufeln Sie mit Laub an. In die Rosenkrone können Sie Fichtenreisig schieben. Das Ganze mit Jutegewebe umhüllen und unterhalb der empfindlichen Veredlungsstelle des Hochstämmchens festbinden. In kalten Gegenden auch den Stamm schützen, z. B. mit Strohgeflecht oder Fichtenreisig. **Goldlack** und **Salbei** bekommen beide ebenfalls trockenes Laub zwischen die Zweige.

3

3 **Salbei schneiden:** Damit der Salbei seine Form behält, schneiden Sie ihn im Frühjahr ganz kurz über den ersten sichtbaren Neutrieben. Im Sommer nach der Blüte erfolgt der zweite Schnitt über den kräftigen Neutrieben, die aus den Blattachseln kommen.

4

4 **Laub anhäufeln:** Den Fuß der Rose dick mit Laub anhäufeln, so ist er vor Winternässe geschützt. Auch Salbei und Goldlack sind für wärmendes Laub zwischen den Zweigen dankbar.

5

5 **Kronenschutz:** Im Spätherbst Krone mit Fichtenreisig durchflechten und in Sackleinen hüllen. Um den Stamm zu schützen, können Sie ihn mit Strohmatten oder Fichtenreisig umwickeln.

SÜSSER ROSENDUFT ZU KÜHLEN FARBEN

Das braucht man dazu:

PFLANZEN

a) 6 × Pfirsichblättrige Glockenblume
b) 10 × Silbergreiskraut *Senecio cineraria*
c) 2 × Strauchrose 'Graham Thomas'
d) 12 × Teppichwaldsteinie
e) 8 × Wollziest *Stachys byzantina*
f) 3 × Ziersalbei *Salvia nemorosa* 'Blauhügel'
g) 6 × Zwergsilberraute 'Nana'

ZUBEHÖR

Spaten, Schaufel klein und groß, Sand, Komposterde, Bentonit, Rosendünger, Hornspäne

Wenn Sie sich für dieses Beet entscheiden, hüllt süßer Rosenduft Sie auf der Terrasse ein. Je weiter oben Sie die Rose im Frühjahr zurückschneiden, desto höher trägt sie ihre goldene Pracht. Glockenblumen in Weiß und Blau und der Ziersalbei sorgen für einen farblichen Kontrast.

Unter der Rose breitet sich die Zwergsilberraute aus. Für diese Staude reichern Sie den Boden mit Sand an, um ihn durchlässig zu machen. Auch für Schutz vor Winternässe ist die Zwergsilberraute dankbar. Den Terrassenrand verdeckt mit ihren dunklen Blättern die Teppichwaldsteinie, ein robuster Frühsommerblüher. Hinter ihr schmücken im ersten Standjahr die weichen, weißen, gelappten Blätter des Silbergreiskrauts, das erst im zweiten Jahr hellgelb blüht. Im dritten Jahr muss es neu gepflanzt werden.

KURZINFO

Anlage	März – November
Standort	sonnig, halbschattig
Bodentyp	lehmig-sandig, nährstoffreich
Beetgröße	2,5 × 1,5 m
Zeitbedarf	4 Std.
Pflegebedarf	2 Std./Monat
Level	✻

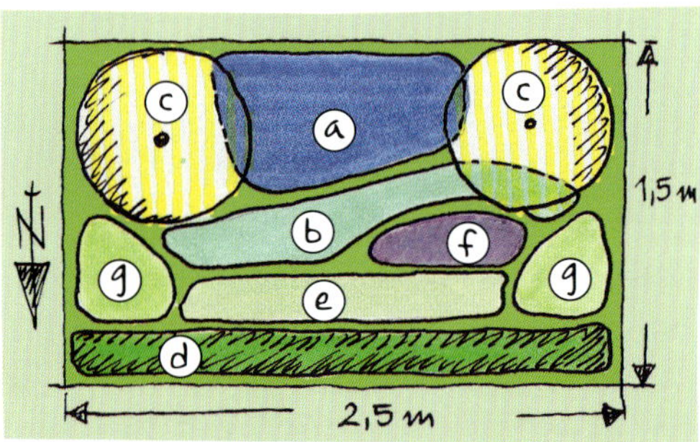

1 Pfirsichblättrige Glockenblume
Campanula persicifolia 'Grandiflora Coerulea' und 'Grandiflora Alba'

BLÜTEZEIT: Juni – Juli, HÖHE 60–80 cm
Diese hohen Sorten samen sich selbst aus. Sie sind winterhart und **schneckenresistent**.

2 Strauchrose
Rosa 'Graham Thomas'

BLÜTEZEIT: Mai – Okt., HÖHE: bis 120 cm
Eine neuere Züchtung mit dem Charme und Duft **alter Rosen**. Wie alle Rosen mag sie sandig-lehmigen Gartenboden. Rosendünger nicht vergessen, damit sie üppig blüht.

3 Teppichwaldsteinie
Waldsteinia ternata

BLÜTEZEIT: April – Mai, HÖHE: 10–15 cm
Diese sehr unempfindliche Pflanze wächst **bodendeckend** in Sonne und Schatten gleich gut. Sie kann von Frühjahr bis Herbst gepflanzt werden. Sie wächst auch unter Gehölzen und bevorzugt einen nicht zu trockenen Boden. Die Pflanze ist auch unter dem Namen Golderdbeere bekannt. Wintergrün.

4 Zwergsilberraute
Artemisia schmidtiana 'Nana'

BLÜTEZEIT: Juni – Juli, HÖHE: 20–25 cm
Eine zarte, sonnenbedürftige Pflanze mit duftendem, **silbernem Laub** und unscheinbaren Blüten. Sie braucht einen sandigen, durchlässigen Boden. Vor Winternässe schützen und im Frühjahr zurückschneiden.

Sonne | Halbschatten | Schatten | Duft | Schnittblume

POLSTERPFLANZEN WACHSEN
ZIERLICH ZWISCHEN WEGEPLATTEN.
BERÜHRUNGEN MIT HAND UND FUSS ENTLOCKEN
DEN PFLANZEN DIE ALLERFEINSTEN DÜFTE.

4

Gartenweg für die Sinne

Ein Dufterlebnis auf Schritt und Tritt

Das braucht man dazu:

PFLANZEN

a) 5 × Alpenleinkraut
Linaria alpina

b) 3 × Echter Thymian
Thymus vulgaris 'Compactus'

c) 3 × Kriechendes Bohnenkraut
Satureja spicigera

d) 4 × Kümmelthymian
Thymus herba-barona 'Citriodora'

e) 4 × Römische Kamille
Chamaemelum nobile 'Treneague'

f) 4 × Teppichnachtkerze
Oenothera missouriensis

ZUBEHÖR

Große und kleine Schaufel, Spaten, Schubkarre, Splitt (2/5), Natursand (0/8), Komposterde, Wasserwaage, 1 m langes Brett, Zollstock, Gummihammer, polygonale Trittplatten (ca. 20 × 30 cm und min. 5 cm stark)

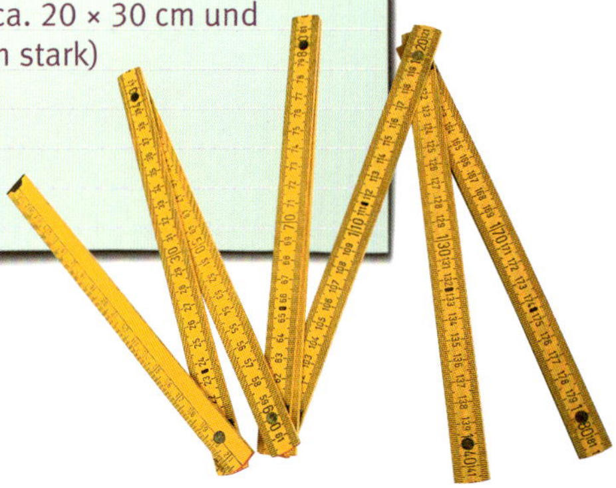

KURZINFO

Anlage	März – Oktober
Standort	sonnig
Bodentyp	kiesig-sandig
Weglänge	1,6 × 0,8 m
Zeitbedarf	2 Std.
Pflegebedarf	1 Std./Monat
Level	✽✽

Haben Sie einen Weg im Garten, der zu einem lauschigen Sitzplatz, einer kleinen Hütte oder zum Gemüsebeet führt? Einen Pfad durch eine niedere Bepflanzung oder durch grünen Rasen? Vielleicht erfüllt dieser Weg bisher nur einen Zweck, und Sie haben ihm keine weitere Beachtung geschenkt. Dann lassen Sie sich zu diesem Duftweg verführen. Legen Sie diesen Pfad an einer sonnigen Stelle neu an oder peppen Sie einen alten Weg auf. So wird jeder Gang durch den Garten ein Fest für Augen und Nase.

Für einen Duftweg verlegen Sie Trittplatten, auf denen Sie entlanglaufen. Zwischen den Platten wachsen niedere Duftpflanzen. Hierfür eignen sich Polsterstauden, die es nicht übel nehmen, gelegentlich betreten zu werden. Viele mediterrane Pflanzen beispielsweise sind sehr trittfest.

Zu den mediterranen Kräutern auf diesem Weg passen polygonale Platten aus Naturstein am besten. Aber wie immer sind auch bei diesem Duftweg Ihrer Fantasie keine Grenzen gesetzt: Integrieren Sie nach Belieben gegossene Steine mit Mosaik oder einem schönen Relief in Ihren Weg. Suchen Sie sich im Steinhandel, Baumarkt oder im Internet aus, was Ihnen gefällt.

Die Römische Kamille wird die Ränder der Steine schnell überwuchern. Sie bildet zwar keine Blüten, aber das Laub verströmt bei jeder Berührung sein Parfüm. Bis zu Ihrem Nachbarn weht der Duft hinüber.
Neben betörendem Kamilleduft hat diese Pflanzung aber noch mehr zu bieten: An Thymian und Bohnenkraut streifen die Beine entlang und entlocken den Pflanzen so ihr herrliches Aroma.
Und bei jedem Tritt steigt Ihnen der würzige Duft des flachen Kümmelthymians in die Nase: Die Sorte 'Citriodora' duftet nach Kümmel und nach Zitrone. Auch Ihre Küchenkunst fordert diese Staude heraus: Experimentieren Sie mit dem Geschmack nach Zitronen, Kümmel und Thymian – eine ungewöhnliche Kombination, die z. B. gut zu Fleischgerichten passt.
Die großen, hellgelben Schalen der Nachtkerzenblüten öffnen sich mit einem leisen Plopp ab Juni jeden Abend. Sie blühen zwar nur einen Tag, aber bis zum Herbst öffnen sich ständig neue. Und in den späten Jahreszeiten schmückt sie sich mit goldenem herbstlichem Laub. Im Juli fordert der winzige Alpenlein fast zum Niederknien auf: Der Farbkontrast seiner zarten orange-lila Lippenblütchen ist bezaubernd.

Ein neuer Weg im Handumdrehen

Die Pflege dieses besonderen Beetes ist minimal, denn die Pflanzen lieben heiße Mittagssonne und steinigen Boden – also kein Gießen im Sommer! Nur ernten dürfen Sie ständig.
Haben Sie Kies- oder Sandboden, ist ein kurzer Weg schnell erstellt. Wenn Sie eher schweren, lehmig-tonigen Boden haben, mischen Sie ihn erst mit grobem Sand. So bekommen die duftenden Stauden, die hier wachsen sollen, genau das, was sie brauchen: einen warmen, durchlässigen Boden im sonnigen Garten.
Lassen Sie sich von Ihren Kindern oder von Freunden helfen. Dann haben Sie, ist der Untergrund erst bereitet, diesen Weg an einem Nachmittag verlegt und bepflanzt. Liegen Steine ein wenig schief oder wacklig? Es ist noch kein Meister vom Himmel gefallen. Richten Sie die Steine bei Bedarf einfach neu. Dies ist ja kein öffentlicher Weg, sondern ein kleiner, naturhafter Gartenpfad, an dem Sie Ihre Kunst erproben können und der Sie täglich erfreuen wird. Spätestens im nächsten Jahr sind freie Flächen zugewachsen, und keiner kann sich mehr vorstellen, dass er ein Jahr zuvor noch ohne dieses Dufterlebnis durch den Garten streifen wollte.

SO LEGEN SIE IHREN DUFTWEG AN

Überlegen Sie sich als Erstes, wo Ihr Weg entlangführen soll. Legen Sie ihn nicht gerade an, sondern in einem leichten Bogen, das sieht natürlicher aus. Dann rechnen Sie sich aus, wie viele Trittplatten Sie dafür benötigen: Eine Schrittlänge misst ca. 65 cm, der Abstand von Mitte zu Mitte der Steine beträgt daher 65 cm. Pro 1,6 m Weglänge brauchen Sie also drei Steine.
Wollen Sie nur einen kurzen Weg mit drei bis fünf Platten verlegen? Dann prüfen Sie nun Ihren Boden (→ Seite 74–75): Ist er sandig-kiesig, haben Sie bereits ideale Voraussetzungen für den Duftweg. Ist er eher lehmig-tonig, mischen Sie ihn 20 cm tief mit Sand, denn die Pflanzen, die hier wachsen sollen, brauchen einen durchlässigen Boden. Geben Sie so viel Sand dazu, bis die Erde locker durch die Hände rieselt.
Als Nächstes bringen Sie Komposterde etwa 2 cm hoch auf das geplante Wegstück aus und rechen sie in die Oberfläche ein. Dann heben Sie für jeden Stein einzeln ein Loch aus, füllen 5 cm Splitt ein und setzen darauf den Stein. Gehen Sie dabei vor, wie in der Bildfolge beschrieben.
Bei längeren Wegstücken mit großen Platten ist es sinnvoll, die Splittunterlage für den gesamten Weg in einem Stück zu erstellen. Heben Sie dazu den Weg auf seiner gesamten Länge etwas breiter als die Platten aus (Tiefe: Plattendicke plus ca. 5 cm). Dann füllen Sie Splitt auf die Fläche, etwa 5 cm hoch.
Nun legen Sie die erste Platte darauf. Klopfen Sie sie mit einem Gummihammer fest und überprüfen Sie mit einer Wasserwaage, ob sie gerade liegt. Stimmt die Höhe in Bezug zum umliegenden Boden? Die Steine sollten etwa 1–2 cm höher liegen als der Boden neben dem Weg, denn die Unterlage wird sich im Lauf der Zeit noch etwas setzen. Legen Sie die Wasserwaage – wenn sie zu kurz ist, nehmen Sie ein längeres Brett als Unterlage – rechts und links auf das umgebende Gelände. So sehen Sie gleich, wenn die Platte zu tief ist. Bei Bedarf heben Sie die Platte noch mal an und füllen Splitt nach. Die nächsten Steine verlegen Sie ebenso, mit einem Abstand von etwa 65 cm von Mitte zu Mitte.
Ist der Weg fertig? Füllen Sie nun das vorher ausgehobene Substrat um die Platten herum ein. Reicht es nicht aus, einfach Sand mit etwas Komposterde mischen und nachfüllen. Nun werden die Stauden laut Plan eingepflanzt. Lesen Sie auf Seite 34 nach, wie Sie dabei vorgehen. Drücken Sie die sandige Erde um die Pflanzen herum und auch nach unten gut fest, denn sie wird sich noch etwas setzen. Bei Bedarf Erde-Sand-Gemisch nachfüllen. Halten Sie die im Pflanzplan vorgegebenen Abstände ein: Die Kräuter wachsen schneller, als Sie glauben.

1 **Platten vermessen:** Wenn die Platten sehr schwer sind, messen Sie sie einzeln aus. Dann wissen Sie, wie groß die Löcher werden müssen. Der gesamte Weg wird etwa 60 cm breit, abhängig von der Plattengröße.

2 **Splitt aufbringen:** Bereiten Sie den Boden mit Sand und Komposterde vor. Dann einen Bereich, der etwas größer ist als die erste Platte, 10 cm tief ausheben. Füllen Sie Splitt in einer Stärke von ca. 5 cm in das ausgehobene Loch ein.

3 **Platte auflegen:** Legen Sie die erste Platte darauf. Sie sollte etwa 1–2 cm höher als das umliegende Gelände liegen. Eine Wasserwaage zeigt Ihnen, ob sie eben liegt.

4 **Festklopfen:** Bei Bedarf heben Sie die Platte noch einmal an und erhöhen oder verringern die Splittunterlage. Dann die Platte mit dem Gummihammer ins Splittbett klopfen und überprüfen, ob der Stein eben liegt.

5 **Pflanzen:** Die nächsten Steine ebenso verlegen, Abstand von Mitte zu Mitte ca. 65 cm – das ist etwa die Schrittlänge eines Erwachsenen. Zum Schluss bei Bedarf Erde nachfüllen und Stauden laut Plan einpflanzen.

DUFTENDE PFLANZEN ZWISCHEN WEGEPLATTEN

1

1 Alpenleinkraut
Linaria alpina

BLÜTEZEIT: Juli – August, **HÖHE:** 5–10 cm
Das kleine Alpenleinkraut mit seinen silbriggrünen, fleischigen Blättchen ist oft nicht sehr ausdauernd. Es versamt sich aber in alle freien Stellen zwischen den Platten und auch anderswo im Garten. Bekommt es genug Sonne und trockenen Boden, bildet es niedere, kleine Poster und im Juli winzige, gelb-lila-farbige **Löwenmaulblütchen**.

2

2 Echter Thymian
Thymus vulgaris 'Compactus'

BLÜTEZEIT: Juli – September, **HÖHE:** bis 25 cm
Das ist die **kompakte Form** des Echten Thymians. Fleißiges Ernten ersetzt das ständige Knabbern von Wildtieren in seiner Heimat am Mittelmeer. Er liebt Sonne, durchlässigen Boden und Wärme. Bei kalten Wintern im Herbst das Halbsträuchlein mit Laub überdecken, im Frühjahr zurückschneiden. Haben Sie einen längeren Weg gebaut, experimentieren Sie doch auch mit einer anderen Thymiansorte aus dem mittlerweile großen Angebot.

3

3 Kriechendes Bohnenkraut
Satureja spicigera

BLÜTEZEIT: Aug. – Sept., **HÖHE:** 10–15 cm
Dieses Bohnenkraut braucht einen durchlässigen Boden. Schneiden Sie höhere Triebe nach der Blüte kurz zurück, auch die Triebe, die zu weit in die Platten hineingewachsen sind. **Nicht nur zu Bohnen** ist dieses Kraut ein Genuss! Es ist Bestandteil der Kräuter der Provence, einer beliebten Kräutermischung.

Sonne   Halbschatten   Schatten   Ein-/Zweijährige   essbar

4

4 Kümmelthymian

Thymus herba-barona 'Citriodora'

BLÜTEZEIT: Juni – Juli, **HÖHE:** 5 cm
Durchlässigen Boden oder Steinuntergrund braucht er zum Gedeihen. Im Herbst besonders in kalten Gegenden mit Laub vor Kälte schützen. Wenn die neuen Blättchen treiben, abgestorbene Triebe zurückschneiden. Die Blätter mit **Zitronen- und Kümmelaroma** frisch oder getrocknet in der Küche verwenden.

5 Römische Kamille

Chamaemelum nobile 'Treneague'

HÖHE: 5–10 cm
Das Blatt dieser Kamille duftet bei jeder Berührung. Sie blüht nicht, daher bleibt sie immer nieder. So ist sie ein idealer **duftender Rasenersatz**. Sie mag viel Sonne und einen durchlässigen Boden, dann erfordert sie kaum Pflege. Schneiden Sie die weichen Stängel nur zurück, um die Platten frei zu halten. Das Kraut trocknen Sie und füllen ein Duftsäckchen damit. In kalten Wintermonaten erinnert so ihr liebliches Aroma an warme Sommertage und erweckt freudige Erwartung an künftige Dufterlebnisse in Ihrem Garten.

5

6

6 Teppichnachtkerze

Oenothera missouriensis

BLÜTEZEIT: Juni – September, **HÖHE:** 20 cm
Mit ihrer langen Blütezeit, den rötlichen Stielen und im Herbst goldgelb färbenden Blättern ist die Teppichnachtkerze eine kleine Schönheit. Ihre großen gelben Blütenschalen öffnen sich gegen Abend und blühen dann die ganze Nacht – ein **Magnet für Nachtschmetterlinge**. Gegen Mittag am nächsten Tag verblühen sie – um wieder neuen Blüten Platz zu machen. Sie ist äußerst pflegeleicht, liebt Sonne und einen eher trockenen, durchlässigen Boden. Schneiden Sie die Teppichnachtkerze spätestens im Frühjahr bis auf die Basisblätter zurück, dann bleibt sie dicht und üppig.

Duft | Winterschutz | Schnittblume | Insektenmagnet | giftig

DUFTENDES FAST OHNE PFLEGE

1 **Platten freischneiden:** Nach und nach werden die Kräuter, besonders die Römische Kamille, die Platten überwachsen. Greifen Sie nicht ein, sind sie bald nicht mehr zu sehen. Schneiden Sie deshalb rechtzeitig Thymian, Kamille und auch Nachtkerze zurück. Den Thymian gleich in der Küche verwenden oder für später trocknen.

Die Pflanzen im Plattenweg stammen alle aus sonnigen, trockenen Gebieten und brauchen deshalb Wärme, Licht und durchlässigen Boden. Sind diese Ansprüche erfüllt, sind sie sehr pflegeleicht. Wenn andere Blumen schon lange nach der Gießkanne rufen, gefällt es diesen Pflänzchen erst richtig! Sie lieben die heiße Mittagssonne und kommen ganz ohne Ihr Zutun zurecht.

FRÜHLING

Im Frühjahr das Laub vom **Thymian** entfernen. Die **Nachtkerze** schneiden Sie, wie in → Abb. 2 zu sehen ist, zurück. Entfernen Sie alle welken, braunen Blätter, denn in Regenzeiten würden die abgestorbenen Blätter einen feuchten Untergrund bilden, der dieser Pflanze nicht bekommt. Wenn auch die anderen Kräuter schon zu weit in den Weg hineingewachsen sind, dann ebenfalls zurückschneiden.
Überprüfen Sie die Platten mit der Wasserwaage: Liegen sie noch gerade, oder ist eine abgesackt, weil sich der Untergrund noch gesenkt hat? Dann die Platte ganz oder seitlich hochheben, Splitt unterfüllen und die Platte mit dem Gummihammer wieder festklopfen.

SOMMER

Jetzt können Sie **Thymian** und **Bohnenkraut** ernten. Wenn Sie die Blättchen nicht gleich in der Küche brauchen können, trocknen Sie die Kräuter im warmen Schatten. Auch getrocknet behalten sie ihren würzigen Geschmack. Vereint mit anderen Kräutern erfrischen sie im Duftkissen die Luft in Schränken und Räumen.
Durch mehrfachen Rückschnitt im Sommer bleiben die Stauden kompakt und nieder. Mit dieser Tätigkeit ersetzen Sie die Wildtiere, die in der Heimat der Kräuter ständig an den würzigen Trieben knabbern. Selbst wenn alle grünen Triebe abgefressen sind, treiben die Sträuchlein meist wieder aus – Sie können also beim Schneiden kaum Fehler machen!
Jäten sie aufkommendes Unkraut, wenn es noch klein ist. Achten Sie dabei darauf, dass Sie die Pflänzchen komplett mit Wurzel entfernen. Manche Unkräuter sind in der Lage, aus einem Teilstück der Wurzel erneut auszutreiben (→ Seite 134–135). Bei Bedarf auch die Platten

2 **Nachtkerze zurückschneiden:** Werden Ihnen die Ranken zu lang, können Sie sie jederzeit zurückschneiden. Im Frühjahr dann erfolgt ein Rückschnitt bis auf die Basisblätter.

Kräuter, besonders solche wie Thymian mit seinen kleinen harten Blättchen, lassen sich schnell und einfach mit einem Wiegemesser klein schneiden.

freischneiden – denn wenn es der **Römischen Kamille** im Weg gefällt, überzieht sie mit ihrem duftenden Geflecht die Trittsteine ganz schnell. Und der Kümmelthymian steht ihr in nichts nach!

Ist das **Alpenleinkraut** gelb geworden? Warten Sie noch ein wenig ab, bis die Samen reifen und sich von selbst aussäen. Wenn die Triebe ganz trocken geworden sind, können Sie die gelben Pflanzenteile entfernen.

HERBST

Sollte das **Leinkraut** nicht mit vielen, neuen, graugrünen Jungpflänzchen wieder erschienen sein, setzen Sie an seine Stelle Thymian. Oder etwas ganz anderes, z. B. einige der vielen bunten Zwergirissorten. Die ganze Pflanzung können Sie auch mit kleinen Wildtulpen, Wildlauch, Krokus und Traubenhyazinthen ergänzen.

Die Triebe des **Thymians** werden im Herbst sicherheitshalber mit Laub abgedeckt. Bestreuen Sie die Pflanzung jedes Jahr dünn mit Komposterde – Sie haben im Sommer grünes Laub entfernt und geben die Nährstoffe mit dieser humosen Erde wieder zurück. So schließen Sie den Kreislauf der Natur. Sie dankt es Ihnen im nächsten Jahr mit frischem, üppigem Wachstum.

3 **Unkraut jäten:** Im Sommer macht sich gern Unkraut zwischen den Platten breit. Entfernen Sie es, solange es noch klein ist. Am einfachsten geht das mit einer kleinen Handschaufel. Achten Sie darauf, dass Sie das Pflänzchen vollständig herausziehen und keine Wurzelstückchen im Boden zurückbleiben.

Erst die Stecklinge vorbereiten...

EIN BEET FÜR AUGEN, NASE
UND DEN GAUMEN: IM SYMMETRISCHEN RAHMEN
LADEN BUNTE KRÄUTER ZUM SCHAUEN
UND KOSTEN, ZUM KOCHEN UND SCHNUPPERN.

5

Geometrie im Kräuterbeet

Nostalgisches Kräuterbeet im grünen Rahmen

Das braucht man dazu:

PFLANZEN

a) 2 × Blutsauerampfer
Rumex sanguineus var. *sanguineus*

b) 2 × Breitblättriger Gewürzsalbei
Salvia officinalis 'Berggarten'

c) 130 × Buchsstecklinge, z. B.
Buxus sempervirens 'Suffruticosa'

d) 1 × Buchsbaum, z. B.
Buxus sempervirens 'Aureovariegata'

e) 4 × Graues Heiligenkraut
Santolina chamaecyparissus

f) 4 × Oregano
Origanum vulgare × laevigatum 'Aromaticum'

g) 2 × Purpurgewürzsalbei
Salvia officinalis 'Purpurascens'

h) 2 × Ysop
Hyssopus officinalis

i) 4 × Ziersalbei
Salvia nemorosa 'Mainacht'

ZUBEHÖR

Spaten, Grabegabel, Rechen, 4 Eisenstangen, Schnur, Gartenschere, Komposterde, Sand oder feiner Kies

KURZINFO

Anlage	Frühjahr, August
Standort	sonnig
Bodentyp	fruchtbar, durchlässig
Beetgröße	2 × 2 m
Zeitbedarf	4 Std.
Pflegebedarf	2 Std./Monat
Level	❋❋

In alten Kräutergärten ziehen oft herbe Düfte durch die Luft. Es ist der Buchs, der dieses eigenartige Aroma freigibt, besonders wenn er frisch geschnitten ist. In großen Schlossanlagen wie auch in kleinen Kräutergärten wurde er viele Jahrhunderte lang als schützende und ordnende Einfassung verwendet. Warum also nicht etwas Nostalgie in den Garten bringen mit einem hübsch gefassten Kräuterbeet?

Für Freunde geometrischer Figuren ist dieses Beet fast ein Muss. Doch auch in romantischwilden Gärten bietet die geordnete Anlage einen harmonischen Ausgleich.

Ein besonders schöner Anblick ist dieses Beet im Sommer, wenn silbernes Blattwerk mit leuchtend blauen Blüten des Ysops harmoniert. Daneben leuchtet das Purpurrot des Blutsauerampfers. Aber auch im Winter bringt das immergrüne Laub der Buchshecke Abwechslung in den verschneiten Garten. Alles, was Sie für dieses Kräutergärtchen brauchen, ist eine kleine, unbepflanzte Fläche an einer sonnigen Stelle. Oder haben Sie

ein kleines Gemüsebeet und nicht genug Zeit, um es ständig zu pflegen, zu gießen und zu beernten? Gestalten Sie es um!
Besorgen Sie am besten gleich die Zutaten und fangen Sie an. Am Morgen begonnen, können Sie am Abend der staunenden Familie und den neugierigen Nachbarn schon Ihr neues Beet präsentieren! Auch die Buchshecke anzulegen ist nicht schwer. Die kleinen Stecklinge werden einfach in einer Reihe in die Erde gesteckt. Frühjahr und August sind als Pflanzzeit gleichermaßen geeignet, in gut sortierten Gärtnereien gibt es alle Kräuter aber das ganze Jahr über.
Sie sind nicht der Typ für viele fleißige Stunden im Garten? Macht nichts, denn diese Pflanzung macht übers Jahr wenig Arbeit. Im Frühjahr alle Pflanzen zurückschneiden, im Sommer fleißig ernten, ab und zu Unkraut entfernen – damit ist es auch schon getan.
Nicht einmal gießen müssen Sie! Nur an besonders trockenen Sommertagen mag der Sauerampfer eine kleine Dusche. Alle anderen Kräuter kommen aus dem Mittelmeerraum und nehmen auch die größte Sommerhitze nicht übel. Im Gegenteil, sie brauchen sie sogar, um dicht und gedrungen wachsen und gedeihen zu können. Ihre langen Wurzeln holen sich die Feuchtigkeit aus tieferen Schichten.
So haben Sie bis zum Herbst viel Zeit zum Genießen. Erst dann kümmern Sie sich wieder um Ihre Pfleglinge: Ein wenig Winterschutz, etwas Nahrungsvorrat in Form von Komposterde, und schon können Sie sich auf die grafische Wirkung der Hecke im Winter freuen. Und natürlich auf die ersten frischen Blättchen im Frühling.

Mediterrane Kräuterküche

Mit diesem Beet in Ihrem Garten wird Ihre Küche von einem Tag auf den anderen zur Kräuterküche: am Morgen Quark mit Ysop, mittags italienisches Salbeischnitzel – mal mit rotem und mal mit grünem Salbei – und am Abend vielleicht eine Pizza mit eigenem Oregano bestreuen. Ein rot gestreifter, süß-säuerlicher Salat mit klein geschnittenen, roten Sauerampferblättern, und fertig ist das Menü.
Oder wagen Sie sich an ein interessantes neues Geschmackserlebnis: Santolina-Spitzchen zum Lammkotelett. Da die Blätter recht herb schmecken, sollten Sie das Heiligenkraut in der Küche aber nur in kleinen Mengen verwenden. Sie können es auch trocknen, auf Räucherkohle legen und mit dem Rauch in den Zimmern seine Duftnote erproben.
Was an Kräutern nicht frisch in der Küche verbraucht wird, trocknen Sie an einem warmen Ort. So müssen Sie auch im Winter auf den mediterranen Duft von selbst geerntetem Salbei, Oregano und Heiligenkraut nicht verzichten.

INFO

Zwischenräume füllen

Sind die Kräuter in den ersten Jahren noch klein, säen Sie in den Zwischenräumen einjährige Blumen aus. So kommt gleich etwas Farbe ins Beet. Es eignen sich Jungfer im Kleid, Ringelblumen, Tagetes, kleine Astern oder Zinnien, kalifornischer Mohn und Kornblumen.

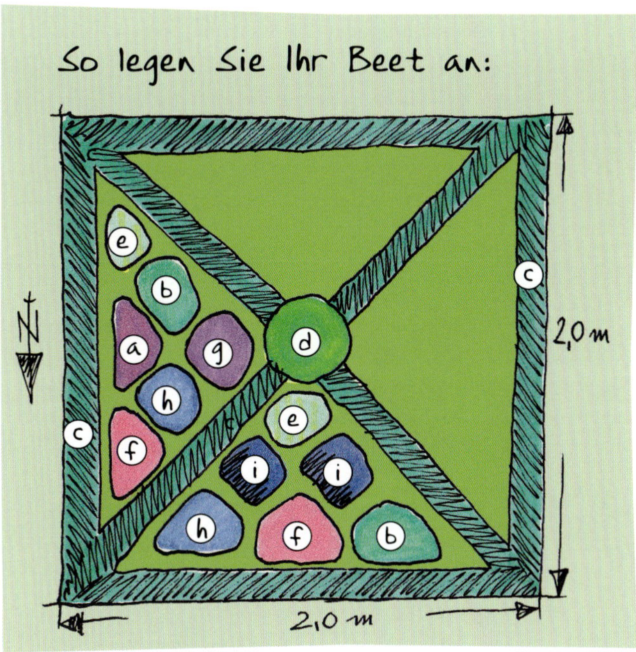

SO ENTSTEHT DAS KRÄUTERBEET

Als Erstes besorgen Sie sich Buchsstecklinge. Vielleicht haben Sie eine eigene Buchshecke im Garten, deren Triebe Sie schneiden können, oder Sie können beim Nachbarn Schnittgut bekommen (bis zum Verbrauch kühl lagern!). Sie brauchen zehn Stecklinge pro Meter, für das gesamte Beet also 130. Die Basis der Stecklinge sollte immer schon ein wenig verholzt sein, ganz weiche grüne Triebe werfen Sie weg. Schneiden Sie die Triebe auf Fingerlänge zurecht. Dann streifen Sie im unteren Teil die Blätter ab, sie würden im Boden sonst nur faulen.

Konnten Sie keine Buchstriebe besorgen, kaufen Sie im Gartencenter kleine Buchspflänzchen, die Sie als frisch bewurzelte Stecklinge meist preiswert bekommen. Davon brauchen Sie nur sechs Stück pro Meter, insgesamt also 80.

Wollen Sie ein vorhandenes Beet zum Kräuterbeet umgestalten? Dann passen Sie es bei Bedarf in der Größe an: 2 × 2 m sollte es sein und an einem sonnigen Standort liegen. Wächst auf dem vorgesehenen Standort noch Rasen, heben Sie die bewachsene Fläche mit dem Spaten ab. Gehen Sie hierbei vor, wie auf Seite 124–125 beschrieben. Nun graben Sie den Boden gründlich um. Dabei alle tief wurzelnden Unkräuter vollständig entfernen. Das ist ganz wichtig, wenn Sie Giersch, Winde oder Quecke auf der Fläche haben, denn jedes kleinste Wurzelstück treibt wieder neu aus. Aus der bepflanzten Fläche ist das Unkraut dann später kaum mehr zu entfernen. Daher: Alle Arbeit, die Sie sich jetzt machen, ersparen Sie sich hinterher um ein Vielfaches.

Ein solcher Buchssteckling bewurzelt sich innerhalb weniger Monate, wenn Sie ihn in die Erde stecken.

Dann ebnen Sie die Fläche mit dem Rechen ein und entfernen dabei noch eventuell vorhandene Pflanzen- und Wurzelteile. Je nach Bodenbeschaffenheit geben Sie jetzt Sand hinzu. Alle Kräuter in diesem Beet mögen es, wenn der Boden sehr locker ist: Rinnt er in trockenem Zustand durch die Finger, ist er gerade richtig. Bei sehr dichtem Boden können Sie deshalb bis zu 50 Prozent Sand oder auch feinen Kies hinzufügen und dafür einen Teil des vorhandenen Bodens woanders im Garten verwenden. Alles nun gut bis in eine Tiefe von ca. 30 cm durcharbeiten. Diese Sand-Erde-Mischung bleibt auf Dauer so bestehen, wie Sie sie gemischt haben. Deshalb gilt auch hier: Aller Arbeitsaufwand zahlt sich später aus.

Als nährende Starthilfe arbeiten Sie nun noch eine etwa 5 cm hohe Schicht Komposterde ein. Zum Schluss die Fläche noch einmal mit dem Rechen gerade ziehen.

Jetzt an den vier Eckpunkten Eisenstangen oder Holzpflöcke einschlagen. Mit der bereitgelegten Schnur verbinden Sie die Ecken und verspannen dann auch die Diagonalen. So ergibt sich die Mitte des Beetes. Hier pflanzen sie nun die kleine Buchskugel. Einfach die Schnüre beiseiteschieben, ein Loch – etwa doppelt so breit und tief wie der Ballen – ausheben. Den Boden noch einmal mit Komposterde verbessern und dann den Buchs einsetzen.

Die Schnüre nun wieder gerade richten, denn auch die Diagonalen werden mit den Stecklingen

1 **Stecklinge schneiden:** Beim Beschneiden eines Buchsbaums fallen oft längere Triebe ab. Sie können als Stecklinge verwendet werden.

2 **Stecklinge vorbereiten:** Die Stecklinge sollten etwa mittelfingerlang sein und am unteren Ende verholzt. Schneiden Sie brauchbare Triebe zurecht und streifen Sie die Blättchen in der unteren Hälfte ab, sie faulen sonst im Boden.

bepflanzt. Entlang der straff gespannten Schnüre stecken Sie die Stecklinge in einem Abstand von etwa 10 cm tief in den Boden. Die grünen Spitzen ragen aus der Erde heraus, der Rest ist unter der Oberfläche. Seitlich um die Triebe die Erde gut festdrücken.
Verwenden Sie bewurzelte Ware, lassen Sie zwischen den Pflänzchen etwa 15 cm Abstand. Stechen Sie eine kleine Schaufel senkrecht in den Boden, drücken Sie sie nach vorne und versenken Sie hinter dem Schaufelblatt die kleine Pflanze im Boden. Auch hier Erde um die Pflanze gut festdrücken, dann wächst sie besser an.
Fertig? Dann legen Sie alle Kräuter nach Plan aus und prüfen Sie, ob sie richtig verteilt sind. Für den Blutsauerampfer geben Sie noch ein wenig extra Komposterde zu, denn er mag es weniger trocken als seine Mitbewohner. Beim Einpflanzen sollten Sie dann nicht mehr unnötig im Beet umherlaufen, gehen Sie daher beim Einsetzen der Pflanze bei jedem Teilstück des Beetes von der Mitte zum Rand vor. Gießen Sie das neue Beet ausgiebig. Prüfen Sie mit den Fingern sicherheitshalber nach: Der Boden soll für alle frisch gepflanzten Stauden bis in 30 cm Tiefe nass sein – nicht nur in den oberen 5 cm. So fangen die neuen Wurzeln sofort an, in die feuchte Tiefe zu wachsen, und geben der Pflanze besseren Halt.

3 **Beet umgraben:** Eine Fläche von 2 × 2 m gründlich umgraben. Wächst noch Rasen an der vorgesehenen Stelle, heben Sie vorher die Soden mit der Grabegabel ab (→ Seite 124–125).

4 **Unkraut entfernen:** Besonders die Kräuter mit den langen Wurzeln sorgfältig ausgraben und zusammen mit restlichen Sodenstückchen mit dem Rechen entfernen.

5 **Boden verbessern:** Je nach Bodentyp so viel Sand zugeben, bis der trockene Boden von der Grabegabel rieselt (bis zu 50 Prozent). Alles 30 cm tief durchmischen. Dann etwa 5 cm hoch Komposterde auftragen und einarbeiten.

6 **Ecken markieren:** Jetzt schlagen Sie mit einem Hammer an den Eckpunkten des Beetes Pflöcke aus Holz oder Eisen ein, um daran die Richtschnüre befestigen zu können.

7 **Schnüre spannen:** Spannen Sie um die vier Pfosten jetzt eine Schnur – Sie erhalten ein Quadrat. Dann diagonal von Eckpunkt zu Eckpunkt spannen. Die Schnüre dienen als Markierung für den Verlauf der Buchshecke, außerdem zeigen sie die Mitte des Beetes an.

8 **Buchskugel pflanzen:** Die Schnüre überkreuzen sich genau in der Mitte. Schieben Sie die Schnur beiseite oder lockern Sie die Spannung. Dann pflanzen Sie hier die gelbgrüne Buchskugel. Geben Sie eine Extraportion Komposterde ins Pflanzloch und mischen Sie sie unter.

9 **Stecklinge setzen:** Entlang der Schnüre stecken Sie nun etwa alle 10 cm die Buchstriebe tief in den Boden, bewurzelte Stecklinge mit etwas mehr Abstand zueinander. Dann Beet bepflanzen.

Denken Sie an sonnigen Tagen an Sonnenschutz! Auch ein Sonnenhut leistet gute Dienste, wenn man beim Graben und Pflanzen wieder einmal die Zeit vergisst.

WÜRZE FÜR DIE KRÄUTERKÜCHE

1 Blutsauerampfer
Rumex sanguineus var. *sanguineus*

BLÜTEZEIT: Juni – Juli, HÖHE: 40 cm
Dieser Ampfer schmeckt milder als der grüne. Immer wieder mit Kompost versorgen. Als **säuerliche Würze** in vielen Gerichten, in kleinen Mengen als spinatähnliche Beilage.

2 Breitblättriger Gewürzsalbei
Salvia officinalis 'Berggarten'

BLÜTEZEIT: Juli – August, HÖHE: 40–60 cm
Sonne, sandiger Boden, Frühjahrs- und Sommerschnitt lassen den Salbei gedeihen. Dieser hat sehr große Blätter: **gut als Tee** oder in Butter gebraten über Nudeln.

3 Buchsbaum
Buxus sempervirens 'Suffruticosa'

BLÜTEZEIT: April – Mai, HÖHE: 60–100 cm
Diese Buchsbaumsorte **wächst nur langsam**, deshalb braucht sie im Frühling nur zurückhaltend geschnitten werden. Der Boden sollte humos und durchlässig, aber nicht zu trocken sein.

4 Buchsbaum
Buxus sempervirens 'Aureovariegata'

BLÜTEZEIT: April – Mai, HÖHE: bis 3 m
Ein langsam wachsender, gelbbunter Buchs. Er ist wie alle Buchsbäume **gut schnittverträglich** und wird im April und Juli geschnitten. Die Stecklinge wachsen leicht an. In sehr sandigen Böden gedeiht Buchs nicht gut.

Sonne · Halbschatten · Schatten · essbar · Duft · Winterschutz

5 Graues Heiligenkraut

Santolina chamaecyparissus

BLÜTEZEIT: Juli – August, **HÖHE:** 30–50 cm
Im Frühjahr sorgt ein tiefer Rückschnitt für guten Wuchs. Im Herbst mit Laub vor Kälte schützen. Das graue Blatt **schmeckt herb**, daher nur in geringen Mengen auf den Teller!

6 Oregano

Origanum vulgare × laevigatum 'Aromaticum'

BLÜTEZEIT: Juli – September, **HÖHE:** 40 cm
Eine kompakte Form des **unverwüstlichen Oregano**. Er neigt zum Wuchern, daher im Frühjahr zurückschneiden. Lässt sich gut teilen. Besonders getrocknet entfaltet er sein Aroma. Auch die Blüten sind essbar.

7 Purpurgewürzsalbei

Salvia officinalis 'Purpurascens'

BLÜTEZEIT: Juli – August, **HÖHE:** 40–60 cm
Er ist **etwas frostempfindlich**, in kalten Gegenden verholzten Bereich abdecken. Die Blätter sind essbar.

8 Ysop

Hyssopus officinalis

BLÜTEZEIT: Juli – August, **HÖHE:** 40–60 cm
Er mag Sonne und durchlässigen, warmen, also sandigen Boden. Ein Rückschnitt im Frühjahr und nach der Blüte hält ihn in Form. Die **würzigen Blätter** schmecken gut im Salat.

9 Ziersalbei

Salvia nemorosa 'Mainacht'

BLÜTEZEIT: Mai – September, **HÖHE:** 40–50 cm
Reich blühende Staude. Wird sie nach der Blüte geschnitten, blüht sie im Spätsommer erneut. Sie kann gut geteilt werden.

Schnittblume   Insektenmagnet

DIE RICHTIGE PFLEGE FÜRS KRÄUTERBEET

1 **Buchshecke schneiden:** Schlagen Sie an den Endpunkten Ihrer Hecke Stäbe ein und verbinden Sie sie mit einer Schnur. Sie soll die fertige Höhe nach dem Schnitt anzeigen und verhindern, dass die Oberkante der Hecke schief wird. Dann an der Schnur entlangschneiden.

2 **Ysop schneiden:** Laufend junge Blätter ernten. Nach der Blüte schneiden Sie den Ysop auf ein Drittel zurück, er verkahlt sonst.

In diesem Beet können Sie ständig ernten. Ein Großteil der Pflege ist damit schon erledigt.

FRÜHLING

Befreien Sie die Pflanzen von ihrem Winterschutz. Dann werden **alle Kräuter** zurückgeschnitten. Wenn an den verholzten Stängeln die ersten grünen Blättchen zu sehen sind, ist der richtige Zeitpunkt. So kann die Pflanze ihre Frühlingskraft in das Wachsen der untersten Triebe stecken und bleibt kompakt und buschig. Wird es allmählich warm, ist auch der richtige Schnittzeitpunkt für **Buchshecke** und -kugel. Gehen Sie dann vor, wie in → Abb. 1 beschrieben. Nach dem Spannen der Schnur noch mit einem Zollstock überprüfen, ob beide Seiten gleich hoch sind. Dann mit einer Schafschere oder einer

3 **Buchs düngen:** Bekommt Ihr Buchs gelbe Blätter, düngen Sie ihn. Einfach Buchsvorratsdünger um die Pflanze streuen und leicht einharken. Wurzeln dabei nicht verletzen!

Handheckenschere schneiden. Verwenden Sie keine elektrische Heckenschere, denn sie schneidet die kleinen Blättchen nicht glatt genug ab!

SOMMER

Wenn nötig, **Buchs** ein zweites Mal schneiden, sobald der hellgrüne Austrieb dunkler wird. Bei Bedarf etwas düngen (→ Abb. 3).
Haben Sie auch eine Gamander- oder Thymianhecke (→ Kasten), schneiden Sie sie jetzt. Entfernen Sie alle abgeblühten Stiele vom **Ziersalbei**. Aus den Blattachseln treibt er dann neu, und die Blüten sorgen im Hochsommer erneut für Farbe im Beet. Ernten Sie immer wieder **Oregano**, **Salbei** und **Ysop**. Sie treiben dadurch von unten nach und werden dabei immer dichter. Wenn Sie gerade keine Kräuter in der Küche brauchen, trotzdem schneiden und für winterliche Kräutergenüsse trocknen.
Die säuerlichen Blätter des **Ampfers** sind besonders im Frühsommer zart und würzig – eine leckere Salatzugabe. Im Sommer werden sie hart, und die Pflanze beginnt zu blühen. Das ist ein dekorativer Schmuck im Beet. Wollen Sie aber weiter Blätter ernten, schneiden Sie den festen, gut erkennbaren Blütenstiel gleich nach dem Austrieb heraus. Die zarten inneren Blätter können Sie verwenden. Auch das **Heiligenkraut** schneiden Sie nach der Blüte auf die Hälfte zurück. Unkraut jäten, solange es noch klein ist.

HERBST

Jetzt den Boden zwischen den Kräutern dünn mit Komposterde bedecken. Alles, was noch schön aussieht, nicht schneiden, sondern über den Winter stehen lassen. **Heiligenkraut** und **Purpurgewürzsalbei** mit Laub abdecken.

Was tun, wenn ...

... der Buchs nicht gedeiht?
Buchs braucht etwas Feuchtigkeit zum Leben. In sehr sandigen, trockenen Böden gedeiht er nicht. Gestalten Sie die Einfassung dann mit Heiligenkraut, Thymian oder Gamander.

4 **Winterschutz:** Das Heiligenkraut ist in kalten Regionen etwas frostgefährdet. Deshalb die Basis im Spätherbst mit Laub abdecken. Auch der Purpurgewürzsalbei bekommt eine Laubdecke.

FORMALES BEET IN LILA, BLAU UND HELLEM GRÜN

Das braucht man dazu:

PFLANZEN
a) 1 × Buchsbaum
b) 1 × Echte Engelwurz 'Solveig'
c) 4 × Gelbgrüner Frauenmantel *Alchemilla xanthochlora*
d) 1 × Hohe Bartiris 'High Stakes'
e) 10 × Iranlauch *Allium aflatunense*
f) 1 × Mandelblättrige Wolfsmilch *Euphorbia amygdaloides* 'Purpurea'
g) 2 × Purpurfenchel 'Rubrum'
h) 1 × Purpurgewürzsalbei
i) 5 × Schopflavendel

ZUBEHÖR
Spaten, Grabegabel, Rechen, Komposterde, evtl. Sand oder feiner Kies, Bentonit

Formal, aber ohne ordnende Buchshecke kommt dieses Kräuterbeet daher – in einem Rechteck, ausgespart im Terrassenbelag. Niedere Stauden gesellen sich hier als Hofstaat zur prächtigen Engelwurz. Die Blüten präsentieren sich in Lilablau und hellem Grün. Ab Mai schweben die runden Blütenbälle des Lauchs über der Pflanzung. Für die Küche lassen sich Engelwurz, Lavendel und Fenchel ernten. Als altbewährtes Heilkraut gilt der heimische Frauenmantel.
Bereiten Sie den Boden gut vor: Lavendel und Bartiris mögen es durchlässig-sandig, Frauenmantel und Engelwurz humos und eher feucht – an trockenen Tagen Gießen nicht vergessen. Der Lavendel ist nicht winterhart – deshalb am besten in einem Kübel in der Erde versenken und im Spätherbst aus dem Boden nehmen.

KURZINFO

Anlage	April – August
Standort	sonnig
Bodentyp	fruchtbar, kiesig-sandig
Beetgröße	1 × 0,7 m
Zeitbedarf	2 Std.
Pflegebedarf	2 Std./Monat
Level	*

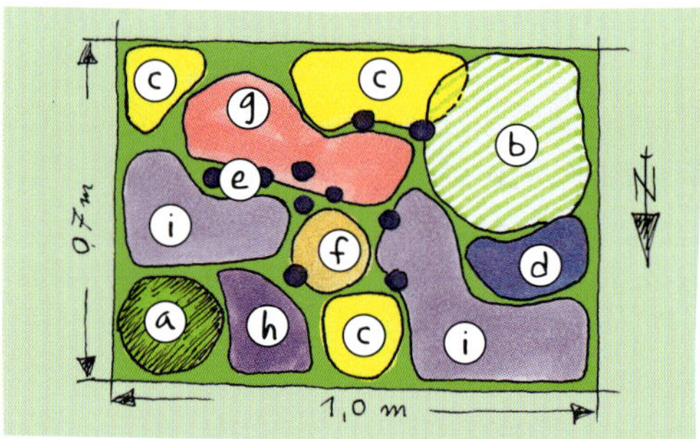

1 Echte Engelwurz

Angelica archangelica 'Solveig'

BLÜTEZEIT: Juni – August, HÖHE: 100–250 cm
Sie braucht humosen, eher feuchten Boden. Stiele und Blätter sind essbar. Aus dem Wurzelstock wird **ätherisches Öl** gewonnen. Bei Sonne hautreizend!

2 Hohe Bartiris

Iris Germanica-Gruppe 'High Stakes'

BLÜTEZEIT: Mai – Juni, HÖHE: 60 cm
Beim Einpflanzen das Rhizom (das ist die Wurzelknolle) nahe der Erdoberfläche setzen und **nicht mit Erde überdecken.** Gleich nach der Blüte kann es geteilt und verpflanzt werden. Verwelktes im Sommer abschneiden.

3 Purpurfenchel

Foeniculum vulgare 'Rubrum'

BLÜTEZEIT: Juli – Sept., HÖHE: 120–150 cm
Fenchel ist mit seinen zarten Blättern ein **dekorativer Lückenfüller** für alle Beete. Nicht sicher mehrjährig, aber er samt sich aus. Alle Teile sind essbar: Ein Tee aus Blättern und Samen (Anisgeschmack!) hilft gegen Blähungen und ist entzündungshemmend.

4 Schopflavendel

Lavandula stoechas

BLÜTEZEIT: Juli – Oktober, HÖHE: 30–40 cm
Dieser Lavendel ist sonnenhungrig und braucht durchlässigen, trockenen Boden. **Nicht winterhart.** Ein Tee aus den Blättern schmeckt nach Rosmarin und Kampfer.

Sonne Halbschatten Ein-/Zweijährige essbar Duft Schnittblume

AUF DEN BODEN KOMMT ES AN

Die meisten Pflanzen gedeihen in einem humosen Boden, der locker ist und trotzdem gut die Feuchtigkeit hält. Andere mögen es eher sandig-trocken. Um zu wissen, welche Pflanzen sich in Ihrem Garten wohlfühlen, sollten Sie den Bodentyp in Ihrem Garten kennen. Hier gibt eine einfache Fingerprobe Aufschluss: Versuchen Sie, aus der Erde in Ihrem Beet eine Rolle zwischen den Handflächen zu drehen. Gelingt das und zerfällt sie nicht oder nur wenig, haben Sie einen lehmig-tonigen Boden (→ Abb. 5). Gelingt das nicht, ist Ihr Boden eher sandig (→ Abb. 4).
Da Sie in Ihrem Garten immer wieder Pflanzenteile entnehmen, entziehen Sie dem Boden auf Dauer wichtige Nährstoffe. Sorgen Sie daher für einen Nachschub an Humus (→ Abb. 3), indem Sie Komposterde dem Boden zumischen. Sie können sie fertig kaufen oder selber herstellen (→ Abb. 1). Auch eine Gründüngung (→ Abb. 2) erhöht die Bodenfruchtbarkeit.

1 **Kompost:** Legen Sie einen Komposthaufen oder -behälter an, um Küchen- und Gartenabfälle in humose Erde zu verwandeln. Dabei festes, lockeres, trockenes und feuchtes Pflanzenmaterial immer schichten, sonst kommt es zu Fäulnis. Am Anfang Kompoststarter zufügen. Keine gekochten Essensreste oder Fleisch auf den Kompost geben, das zieht Ratten an. Decken Sie bei anhaltender Nässe den Behälter ab. Sind die Würmer ausgezogen, ist der Kompost reif – oft ist schon nach zehn Monaten Humus entstanden.

2 **Gründüngung:** Zur Gründüngung gibt es spezielle Pflanzenmischungen, die den Boden mit organischer Masse anreichern, lockern und durchlüften. Sie enthalten schnell wachsende Pflanzen wie die Phazelie (→ Abb. 2) und Stickstoff sammelnde Pflanzen wie Klee und Wicken. Tiefwurzler wie Bohnen und Lupinen lösen zudem Mineralien aus dem Boden und lockern ihn auf. Säen Sie die Mischung spätestens im August aus und lassen Sie das Kraut im Herbst absterben. Im Frühjahr arbeiten Sie es in den Boden ein.

3 **Humoser Boden:** In der Natur werden abgestorbene Pflanzenteile von Bodenlebewesen (z. B. Würmer, Bakterien, Pilze) zersetzt. Wird der Boden weiter abgebaut, werden die Nährstoffe freigesetzt und stehen den Pflanzen zur Verfügung. Die Bodenlebewesen sorgen zudem für eine gute Bodenstruktur. So entsteht ein humoser, fruchtbarer Boden, der locker ist und trotzdem genug Feuchtigkeit speichert – für die meisten Pflanzen ideale Bedingungen. Im Garten sorgt eigene oder gekaufte Komposterde für Nachschub an organischer Substanz.

4 **Kiesig-sandiger Boden:** Er rinnt durch die Finger und bleibt nicht auf der Grabegabel liegen. Diese Böden sind z. B. für mediterrane Pflanzen lebensnotwendig. Sie sind durchlässig, speichern gut Wärme, können aber kein Wasser halten und sind daher eher nährstoffarm. Mischen Sie solchen Böden jährlich Komposterde zu. So erhöhen Sie den Nährstoffgehalt und verbessern die Wasserhaltefähigkeit. Viele Stauden wachsen dann problemlos. Wenn Sie tonige Erde bekommen können, mischen Sie diese gleich hinzu.

5 **Lehmig-toniger Boden:** Dieser Bodentyp ist nährstoffreich und speichert das Wasser gut. Aber er ist schwer, schwieriger zu bearbeiten, und Pflanzen können ihn schlecht durchwurzeln. Lehm ist eine Mischung aus Sand, Schluff (sehr feiner Sand) und Ton. Je besser sich die Erde zur Rolle ausformen lässt, desto höher ist der Tonanteil. Dann ist der Boden sehr dicht und daher schlecht belüftet. Mischen Sie schwere Böden mit Komposterde, Kies und Sand, so werden sie lockerer und durchlässiger.

Plan studieren – und los geht's

BLUTWEIDERICH VOM UFERRAND VEREINT SICH MIT SONNENANBETERN AUF EINER TROCKENEN MAUER. ALS VERBINDENDES ELEMENT WÄCHST EINE DUFTROSE AUF HALBER HÖHE.

6

Kräuter an der Trockenmauer

Trockenes Zuhause für duftende Kräuter

Das braucht man dazu:

PFLANZEN

a) 1 × Blutweiderich
Lythrum salicaria

b) 2 × Bunter Gewürzsalbei
Salvia officinalis 'Tricolor'

c) 2 × Graues Heiligenkraut, z. B.
Santolina chamaecyparissus 'Edward Bowles'

d) 6 × Sandthymian
Thymus serpyllum 'Alba'

e) 1 × Strauchrose
Rosa 'Rose de Resht'

f) 2 × Walzenwolfsmilch
Euphorbia myrsinites

ZUBEHÖR

Mauerbausteine, Hammer, Meißel, Spaten, kleine und große Schaufel, Schutzbrille, Grabenstampfer für Unterbau, Kies (0/32) oder Schotter (0/32), Komposterde, Zierkies

KURZINFO

Anlage	April – September
Standort	sonnig
Bodentyp	kiesig bis lehmig
Beetgröße	2 × 2 m
Zeitbedarf	6 Std.
Pflegebedarf	1 Std./Monat
Level	✽✽✽

Bestimmt haben Sie im Urlaub schon einmal eins dieser kleinen Mäuerchen bewundert, die einen schrägen Hang in Ebenen gliedern. Oben auf diesen Mauern wachsen oft duftende Kräuter im trockenen Untergrund, während zu ihren Füßen üppige, feuchtigkeitsliebende Pflanzen wuchern. An kalten Tagen braucht es nur ein wenig Sonnenschein, und schon ist es am Fuß der Mauern warm und gemütlich.

Liegt auch Ihr Grundstück an einem Hang? Dann wagen Sie einen Versuch! Mithilfe einer Mauer lässt sich die Neigung des Hangs verringern. So spült starker Regen Erde und Pflanzen nicht mehr so leicht weg, und der Hang wird gestützt. Selbst in einem Garten mit eher feuchtem Boden gedeihen dann Kräuter, die es trocken und warm mögen, denn sie wachsen erhöht auf der Mauer.

Duftende Mauergesellschaft

Mit diesem kleinen Bauwerk erhält Ihr Garten auch im Winter ein gliederndes Element. Im Sommer dann genießen Sie den betörenden Duft der Strauchrose, die an der Seite der Mauer von Jahr zu Jahr schöner wird. Die 'Rose de Resht' bleibt eher klein. Mit ihrem Duft und den dicht

gefüllten, festen Blüten erinnert sie an alte Bauernrosen. Sie blüht immer wieder bis zum Herbst, deshalb braucht sie einen nahrhaften Boden und will regelmäßig gedüngt werden. Wenn Sie sie im Winter vor Frost schützen und im Frühjahr zurückschneiden, haben Sie lange Jahre Freude an dieser Gartenschönheit.
Nebenan im warmen Schotter hinter der Mauer wachsen Salbei, Thymian, Heiligenkraut und Wolfsmilch. Sie brauchen kaum Pflege und müssen nicht gegossen werden. Aber sie mögen es warm und brauchen mindestens sechs Stunden Sonne am Tag.
Vor der Mauer wurzelt der Blutweiderich im kühlen Untergrund. Er entzündet im Juli seine purpurnen Blütenkerzen. Gefällt es ihm in Ihrem Garten, wird er von Jahr zu Jahr üppiger. Auch das Blattwerk der anderen Mauerbewohner schließt sich spätestens nach zwei Jahren zu einer duftenden Decke.
Spannen Sie nun an warmen Tagen den Sonnenschirm auf und machen Sie sich's auf einer Decke am Fuß der Mauer gemütlich. Gehen Sie auf Augenhöhe mit den Kräutern! Genießen Sie das schöne Bild und atmen Sie den Duft von Thymian und Heiligenkraut. Wenn eine neue Kräuter-Gemüse-Kreation in der Küche gewünscht wird, ernten Sie, was Sie brauchen. Trocknen Sie Salbeiblätter im warmen Schatten oder in der Küche. Das ergibt einen heilkräftigen, herben Tee, unentbehrlich bei winterlichen Erkältungen. Heiligenkraut mit seinem aromatischen, ungewohnten Geschmack verwenden Sie besser nur in kleinen Mengen.

So bauen Sie Ihre Mauer

Die Mauerbausteine bekommen Sie beim Natursteinhändler oder – in kleinen Mengen – auch im Baumarkt. Es gibt sie in vielen Materialien und Farben und aus aller Herren Länder. Achten Sie darauf, einen Stein zu kaufen, der nicht rundlich ist. Die Oberfläche sollte möglichst gerade gebrochen sein; ist sie geschnitten, sieht es weniger natürlich aus. Und fragen Sie nach der Frostfestigkeit – Ihre Mauer soll viele Jahre halten. Wenn möglich, geben Sie Steinen aus einem Steinbruch in der näheren Umgebung den Vorzug: So handeln Sie umweltbewusst. Wie viel Material Sie brauchen, wird Ihnen der Fachhändler gerne ausrechnen – dafür braucht er nur die Maße der Mauer.
Der Bau einer solchen Mauer ist ein wenig anspruchsvoll und anstrengend, planen Sie daher für den Anfang eine kleine Mauer, 2 m lang und etwa 30 bis 50 cm hoch, das sind drei oder vier Zeilen übereinander. Damit die Mauer stabil steht, wird die erste Zeile in ein Kiesbett gelegt. Hierfür schaufeln Sie einen kleinen Graben aus, füllen ihn mit Kies oder Schotter und setzen die erste Reihe Steine hinein. Dann folgen die nächsten Zeilen. Bei einer Trockenmauer werden die Steine ohne Zement – trocken gemauert – aufeinandergesetzt. Sie sind also nicht fest miteinander verbunden. Damit Ihr Mäuerchen dennoch lange stehen bleibt, ziehen Sie es nicht genau senkrecht in die Höhe, sondern mit einer leichten Neigung in Richtung Hang.

So legen Sie Ihr Beet an:

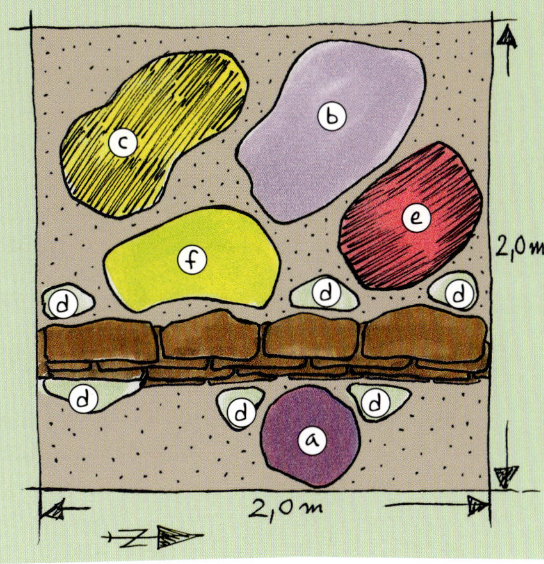

EINE MAUER BAUEN SCHRITT FÜR SCHRITT

Als Erstes zeichnen Sie den Verlauf der Fläche an, die Sie für das Kiesbett ausheben müssen. Es soll vor und hinter der Mauer mindestens 20 cm breiter sein als die Steine, dann steht die Mauer stabil, und der Boden ist gut dräniert. Bei einer Steinbreite von ca. 20 cm ist das Kiesbett also 60 cm breit. Heben Sie die Fläche nun aus, bei einem durchlässigen Untergrund 20 cm tief, bei eher lehmigem Boden 30–40 cm (→ Seite 74–75). Dann füllen Sie so viel Kies oder Schotter ein und verdichten ihn mit dem Stampfer, dass die erste Steinzeile etwa 5 cm unter dem umliegenden Gelände beginnt. So liegt Sie sicher und kann nicht wegrutschen. Verwenden Sie für diese Zeile die größten Steine. Glätten Sie die Schmalseiten der Steine bei Bedarf mit einem großen Hammer und evtl. einem Meißel, denn die Fugen sollen möglichst eng sein. Schutzbrille tragen! Die Lage der Steine überprüfen Sie mit der Wasserwaage: Sie sollen in der Längsrichtung waagerecht liegen und nach hinten etwas abfallen.
Hinter der fertigen Zeile wird nun mit Kies oder Schotter bis auf Höhe der Steine aufgefüllt und mit dem Stampfer fest verdichtet. So kann das Wasser gut ablaufen. In normaler Gartenerde würde im Winter das Wasser gefrieren, sich dabei ausdehnen und so die Mauersteine verschieben.
Nun setzen Sie die nächste Zeile. Achten Sie darauf, dass keine Erde oder Kiesel zwischen den Auflageflächen der Steine liegen, sonst verrutschen sie leicht. Die Steine liegen versetzt zur vorherigen Zeile, sodass die Fugen nicht übereinanderliegen. Außerdem liegt die Zeile etwas nach hinten versetzt. Auf diese Weise verläuft die Ansichtsfläche der Mauer nicht senkrecht zum Boden, sondern kippt etwas nach hinten zum Hang hin, d. h. die Mauer bekommt einen „Anlauf". So gehen Sie auch bei der nächsten Zeile vor. Nach jeder Zeile Kies hinterfüllen und

Ein Schnitt durch die Mauer zeigt das Kiesbett und die Hinterfüllung. Die gesamte Mauer ist etwas in Richtung Hang geneigt. Große Steine liegen unten, kleinere oben.

immer wieder verdichten. Achten Sie auch darauf, dass immer wieder ein großer Stein als Binderstein nach hinten in den Unterbau ragt. Wenn Sie wollen, können Sie in größere Fugen auch Kräuter pflanzen, z. B. Thymian (→ Abb. 9 und 10). Er wird zwar bedeckt durch die darüberliegende Platte, aber schon bald schickt er seine Triebe nach vorne ins Licht.
Ist die Mauer fertig, füllen Sie den Bereich zwischen Hang und Mauer mit einem lockeren Gemisch aus Kies und Gartenerde auf. Zum Schluss arbeiten Sie oberflächlich eine dünne Schicht Kompost ein – wenig, das Substrat soll locker und durchlässig bleiben. Setzen Sie dann die Pflanzen. Rose und Blutweiderich geben Sie noch eine Extraportion Kompost an die Ballen.

1 **Fläche abstechen:** Zeichnen Sie mit Kies oder Splitt die auszuhebende Fläche an. Das Kiesbett ist vor und hinter der Mauer 20 cm breiter als die Mauerbausteine, nach hinten eher mehr. Entlang der Linie die Fläche abstechen.

2 **Unterbau erstellen:** Graben Sie die Fläche mindestens 20 cm tief aus, bei lehmigem Boden eher 30–40 cm tief. Dann Schotter oder Kies einfüllen und mit dem Stampfer verdichten. Der Graben ist danach nur noch etwa 5 cm tief.

3 **Erste Zeile:** Legen Sie nun die ersten Steine in das Kiesbett. Verwenden Sie für die unterste Zeile möglichst große Steine, das macht die Mauer stabiler. Die Fugen sollten möglichst eng sein.

4 **Überprüfen:** Mit der Wasserwaage überprüfen Sie nun, ob die Steine in der Längsrichtung der Mauer eben liegen. Nach hinten, in Richtung Hang, fallen die Steine etwas ab. Dann steht die Mauer sicherer.

5 **Hinterfüllen:** Die fertig verlegte Zeile wird von hinten mit Kies oder Schotter angefüllt. Diesen Schritt wiederholen Sie immer, wenn Sie eine Zeile fertig verlegt haben. Das Loch vor der Mauer füllen Sie mit Kies auf.

6 **Feststampfen:** Nun stampfen Sie mit einem Grabenstampfer die Fläche gut fest. Auch diesen Schritt wiederholen Sie nach jeder Zeile. So ist gewährleistet, dass die Hinterfüllung in den nächsten Monaten kaum nachsackt.

7 **Zurechtklopfen:** Damit die Mauerbausteine eng aufeinander- und nebeneinanderliegen, hervorstehende Kanten mit einem Hammer abschlagen. Schützen Sie Ihre Augen mit einer Schutzbrille vor abplatzenden Splittern.

8 **Zweite Zeile:** Allen Kies von der Steinoberfläche entfernen, sonst verrutschen die Steine leicht. Dann die nächste Zeile aufsetzen. Die Fugen liegen dabei nicht übereinander (Kreuzfugen), sondern versetzt. Die Oberfläche soll leicht nach hinten in Richtung Hang kippen.

9 **Fugenpflanze setzen:** In größere Fugen können Sie eine kriechende Pflanze setzen. Den Ballen hinter die Steinreihe legen und die grünen Triebe zwischen die Fuge nach vorne ausrichten. Thymian eignet sich gut als Fugenpflanze.

10 **Abdecken:** Geben Sie der Fugenpflanze etwas Gartenerde und Kompost als Starthilfe in die Fuge. Mit der nächsten Zeile wird die Pflanze dann überdeckt, aber schon bald werden die Zweige den Weg ins Licht suchen.

11 **Boden verbessern:** Fehlt hinter der Mauer noch Substrat, füllen Sie Kies nach. Arbeiten Sie dann oberflächlich noch etwas Komposterde ein. Tragen Sie aber nur eine dünne Schicht auf, denn die Pflanzen, die hier wachsen sollen, bevorzugen einen lockeren, eher trockenen und sehr durchlässigen Boden.

12 **Pflanzen:** Nur die Rose und der Blutweiderich brauchen etwas mehr Nährstoffe. An ihren Plätzen seitlich und vor der Mauer geben Sie daher noch eine Extraportion Kompost hinzu. Dann pflanzen Sie alle Stauden ein.

PFLANZEN FÜR DIE TROCKENMAUER

1 Blutweiderich
Lythrum salicaria

BLÜTEZEIT: Juli – September, HÖHE: 100 cm
Diese heimische Uferrandpflanze kommt auch mit normalem, nicht zu trockenem Boden zurecht. Entfernen Sie Verblühtes, so fällt die **zweite Blüte** kräftiger aus. Die verblühten Rispen können über Winter stehen bleiben. Dann versamt sich die Pflanze kräftig. Die Sämlinge werden verpflanzt oder gejätet. Der kräftige Wurzelstock kann geteilt werden.

2 Bunter Gewürzsalbei
Salvia officinalis 'Tricolor'

BLÜTEZEIT: Juli – August, HÖHE: 40–60 cm
Schneiden Sie den Salbei im Frühjahr und nach der Blüte zurück, so bleibt die Pflanze kompakt und nieder. Dabei gewinnen Sie Stecklinge und können so Ihren Strauch vermehren. Schneiden Sie dafür dort, wo der braune Stiel zu verholzen beginnt. Der bunte Halbstrauch ist etwas empfindlich, sorgen Sie deshalb für einen **Winterschutz** aus Fichtenzweigen. Die Blätter schmecken gebraten, mitgekocht oder fein geschnitten in Salaten.

3 Graues Heiligenkraut
Santolina chamaecyparissus 'Edward Bowles'

BLÜTEZEIT: Juli – August, HÖHE: 30–50 cm
Warm, geschützt und in durchlässigem Boden wächst das Heiligenkraut zu einem kräftigen, **silbernen Busch** heran. Mit Zweigen im Winter schützen, lange Triebe im Frühling kurz über den schon sichtbaren neuen Triebspitzen im unteren, verholzten Bereich zurückschneiden. Verblühtes entfernen.

Sonne Halbschatten Schatten Ein-/Zweijährige essbar

4 Sandthymian

Thymus serpyllum 'Alba'

BLÜTEZEIT: Juni – September, **HÖHE:** 10–20 cm
Dieser Thymian bevorzugt sandig-lockeren Boden und einen warmen, sonnigen Standort. Etwas Rückschnitt lässt ihn kräftiger wachsen. Wird er zu groß, können Sie ihn teilen. Der Tee wirkt **gegen Husten**. Die Blätter, frisch oder getrocknet, würzen Quark, Suppen und andere Gerichte. Auch die Blüten sind essbar.

5 Strauchrose

Rosa 'Rose de Resht'

BLÜTEZEIT: Juni – September, **HÖHE:** 100 cm
Eine stark duftende Rose mit nostalgischem Flair. Sie mag kräftigen, lehmigen, gut gedüngten, humosen Boden. Im Herbst mit Laub anhäufeln, in kalten Gegenden mit Fichtenreisig schützen. Im Frühjahr dünne Triebe auslichten und mit Kompost oder Rosendünger versorgen. Die **Blütenblätter parfümieren Tees**.

6 Walzenwolfsmilch

Euphorbia myrsinites

BLÜTEZEIT: Mai – Juni, **HÖHE:** 20 cm
Diese dekorative Wolfsmilch macht mit ihrem immergrünen Laub auch ohne Blüten das ganze Jahr über eine gute Figur. Sie wird im Frühjahr nach der Blüte oder auch im Herbst zurückgeschnitten, wenn ihre Triebe lang und unansehnlich geworden sind und im unteren Bereich verkahlen. Ihr Milchsaft ist **giftig** und wirkt bei manchen Menschen hautreizend. Tragen Sie deshalb vorsichtshalber Handschuhe, wenn Sie Teile abschneiden. Sie braucht viel Sonne und einen durchlässigen Boden. In freie, kiesige Stellen samt sie sich gern aus.

Duft Winterschutz Schnittblume Insektenmagnet giftig

PFLEGELEICHTER KRÄUTERZAUBER

In diesem Beet wachsen alle Pflanzen in einem Lebensraum, der ihnen zusagt. Sie sind daher meist gesund und pflegeleicht.

FRÜHLING

Im Frühjahr entfernen Sie Winterschutz und Laubabdeckungen. Hier ist Fingerspitzengefühl gefragt: Entfernen Sie zu früh, und es kommt noch einmal strenger Frost, erfrieren die Pflanzen vielleicht. Entfernen Sie zu spät, treiben die Pflanzen unter der wärmenden Decke aus, und die zarten Triebe sind dann sehr empfindlich gegen Sonne und Kälte. Haben Sie den Winterschutz schon entfernt, und es besteht noch einmal Frostgefahr oder erneuter Schnee, decken Sie die Pflanzen gegen Abend ab.
Überzählige Wolfsmilchsämlinge graben Sie aus (→ Abb. 2). Die **Strauchrose** mit Komposterde oder Rosendünger versorgen und bei Bedarf auslichten. Dünne oder abgestorbene Zweige werden ganz unten am Ansatz zum dickeren Hauptstamm entfernt. So kann sie kräftige neue Triebe bilden. Wenn **Salbei**, **Heiligenkraut** und **Wolfsmilch** im letzten Sommer lange Zweige ausgebildet haben, die jetzt unten kahl und holzig sind, schneiden Sie sie auf Handbreite zurück. Achten Sie aber darauf, dass unterhalb der Schnittstelle neue Blättchen zu sehen sind. Bleibt nur Holziges ohne Grün zurück, treibt der Strauch nicht mehr sicher neu aus. Auch der **Blutweiderich** wird im Frühjahr kurz über dem Boden geschnitten.

SOMMER

Nach der Blüte bei **Salbei** und **Heiligenkraut** das Verblühte herausschneiden. Auch die **Rose** wächst schneller und kräftiger, wenn Sie die welken Blütenstände entfernen. Schneiden Sie dabei nicht nur ganz oben ab, sondern mindestens bis zum ersten vollständigen fünfteiligen Blatt.

1 **Wolfsmilch schneiden:** Hängt die Wolfsmilch unansehnlich herab, schneiden Sie sie im Herbst oder zeitigen Frühjahr kurz über den neuen Trieben an der Basis zurück. Auch Salbei und Heiligenkraut schneiden Sie im Frühjahr zurück.

2 **Wolfsmilch versetzen:** Haben sich im Beet oder vor der Trockenmauer Wolfsmilchsämlinge breitgemacht, die sie anderswo brauchen können? Graben Sie die Pflanze komplett mit Wurzel aus und pflanzen Sie sie anderswo ein.

3 **Blutweiderich schneiden:** Entfernen Sie laufend die verblühten Kerzen des Blutweiderichs, dann wachsen aus den Blattachseln darunter neue, kräftige Blüten nach.

Dünne Zweige entfernen Sie ganz: dafür bis zum nächsten dickeren Zweig schneiden. Ernten Sie Salbeiblätter und **Thymian** und probieren Sie auch das Heiligenkraut. Bei großer Trockenheit **Blutweiderich** gießen und Verblühtes abschneiden (→ Abb. 3). Unkraut und Sämlinge jäten.

HERBST

Im Herbst versorgen Sie alle Pflanzen dünn mit Komposterde. Regen und Bodenlebewesen sorgen dafür, dass sie bald unter dem kiesigen Oberboden verschwindet. Die **Strauchrose** häufeln Sie gut eine Handbreit mit Laub oder mit Komposterde an. Das **Heiligenkraut** ist in Gebieten mit strengem Winter für etwas Laub um die Pflanze herum und zwischen den Trieben dankbar. In schneereichen Gegenden sperrige Zweige um die Pflanze stecken, damit der Schnee die silberne Kugel nicht niederdrückt. Gefällt Ihnen der Blutweiderich nicht mehr, schneiden Sie ihn jetzt dicht über dem Boden ab.

WINTER

Liegt nasser Schnee auf **Heiligenkraut**, **Salbei** oder **Wolfsmilch**, entfernen Sie ihn, sonst faulen die Triebe. Trockener Schnee dagegen bleibt liegen, er schützt die Pflanze.

Was tun, wenn ...

... der Salbei im Winter erfriert?
Als Ersatz eignet sich die Katzenminze mit ihren weißen, rosafarbenen oder blauen Blüten und langer Blütezeit. Auch der Steinquendel mit seinem minzigen Duft passt gut.

4 **Jäten:** Alles, was im Kiesbeet nicht erwünscht ist – Unkraut und auch überzähligeSämlinge von Blutweiderich, die sich oft überall breitmachen –, wird den Sommer über gejätet.

5 **Komposterde auftragen:** Im Herbst oder spätestens im Frühling werden alle Pflanzen mit Komposterde versorgt. Dünn auftragen, sie verschwindet bald von allein im Kies.

ALLERLEI KRÄUTER ZWISCHEN WÄRMENDEM STEIN

Das braucht man dazu:

PFLANZEN
a) 1 × Bergbohnenkraut 'Satyrion'
b) 2 × Currykraut *Helichrysum italicum* 'Silbernadel'
c) 1 × Gewürzsalbei *Salvia officinalis* 'Major'
d) 6 × Kaskadenthymian *Thymus longicaulis* ssp. *odoratus*
e) 4 × Pfingstnelke 'Eydangeri'
f) 2 × Römische Minze *Calamintha* 'Hadrian'
g) 2 × Wiesenschafgarbe

ZUBEHÖR
Mauersteine oder Findlinge, Spaten, kleine und große Schaufel, Kies 0/16, Komposterde

In diesem Beet sorgen eine Zeile aus hellgrauen Kalksteinen und ein kiesiger Untergrund für die nötige Wärme: Kräuter und Nelken lieben diesen Lebensraum. Wenn die Sonne wieder so richtig vom Himmel herab brennt und andere zur Gießkanne greifen, genießen Sie nur den mediterranen Duft und Geschmack der Pflanzen in diesem Beet. Alles ist hier essbar: Salbei, Thymian, Bohnen- und Currykraut, die Schafgarbe und die süß duftenden Blüten der Nelke. Die Römische Minze mit ihren hellblauen Blüten im Spätsommer verleiht Ihren Pastas und auch anderen Gerichten ein ganz ungewohntes italienisches Flair – so aßen schon die alten Römer ...

Gestalten Sie dieses kleine Beet wie das Kiesbeet (→ Seite 104ff.) oder kombinieren Sie beide zu einem größeren Beet.

KURZINFO

Anlage	März – Oktober
Standort	sonnig
Bodentyp	durchlässig bis kiesig
Beetgröße	2,5 × 1,2 m
Zeitbedarf	4 Std.
Pflegebedarf	1 Std. Monat
Level	✻✻

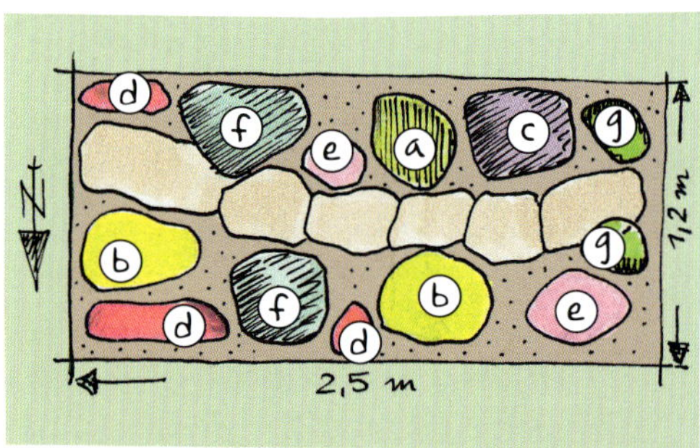

1

1 Bergbohnenkraut
Satureja montana 'Satyrion'

BLÜTEZEIT: Juli – August, **HÖHE:** 40–50 cm
Diese **robuste Pflanze** mag einen Rückschnitt nach der Blüte. Getrocknet und frisch nicht nur zu Bohnen ein Genuss.

3

3 Römische Minze
Calamintha 'Hadrian'

BLÜTEZEIT: Juli – August, **HÖHE:** 40 cm
Eine wahre **Genussstaude**. Die Blätter duften herrlich in Duftsträußchen. Sie würzen Salate und Saucen, besonders zu mediterranen Gerichten. Ein Tee aus Blättern hat krampflösende Eigenschaften. Die Pflanze ist leicht zu teilen und **sehr robust**. Vermehrung über Stecklinge ist möglich.

2

2 Pfingstnelke
Dianthus gratianopolitanus 'Eydangeri'

BLÜTEZEIT: Mai – Juni, **HÖHE:** 20 cm
Diese frühe **Duftnelke** ist robust, wenn der Standort sonnig und trocken ist. Verblühtes abschneiden, dann blüht sie im Spätsommer noch einmal. Teilen, wenn die Polster zu groß werden.

4

4 Wiesenschafgarbe
Achillea millefolium

BLÜTEZEIT: Juni – Sept., **HÖHE:** 20–60 cm
Die anspruchslose Schafgarbe ist eine **alte Heilpflanze.** Frisch oder getrocknet dient die ganze Pflanze als Tee gegen Magen-Darm-Beschwerden. Das zarte Frühjahrsblatt ergibt auch roh eine gesunde, würzige Beilage.

Sonne Halbschatten essbar Duft Schnittblume Insektenmagnet

EINFASSUNGEN FÜR DAS BEET

Die meisten Beete grenzen auf einer Seite an einen Weg oder eine Terrasse, an der anderen Seite schließen sie an den Rasen an. Eine Möglichkeit, den Übergang zum Rasen zu gestalten, besteht darin, an den Beetrand flache Stauden zu pflanzen, die es nicht übel nehmen, wenn sie etwas mit abgemäht werden (→ Seite 10–11). Wer eine deutlichere Trennung wünscht, kann eine feste Beeteinfassung installieren. Sie bringt zusätzlich Struktur in den Garten und verhindert, dass der Rasen in das Beet hineinwächst. Hier können Sie zwischen einer Vielzahl dekorativer Randbegrenzungen wählen. Im Baumarkt, Gartencenter oder Steinhandel finden Sie, was Sie brauchen: Natursteine mit unregelmäßigen oder geraden Kanten, Klinkersteine oder auch die billigeren Betonsteine leisten gute Dienste. Sie können im Bogen, in einer geraden Linie oder versetzt zueinander verlegt werden. Achten Sie bei Klinkersteinen auf Frostfestigkeit.

1

1 **Natursteine:** Haben Sie eine Trockenmauer (→ Seite 76ff.) gebaut, können Sie mit übrig gebliebenen, kleineren Steinen Ihr Beet einfassen. Oder Sie kaufen neu ein. Diese Steine verlegen Sie auf ein Bett aus Kies, wie oben beschrieben. Die gerade Kante weist zum Weg oder Rasen, die unregelmäßige zum Beet. Steine eng aneinanderlegen, Ecken und Kanten mit dem Hammer abschlagen (Schutzbrille!). Die Steine liegen in einer Ebene mit dem Rasen, das erleichtert das Mähen. Neben einem Weg stehen sie etwas höher.

2 **Granitbordsteine:** Granitbordsteine sind meist 1 m lang, 10 cm breit und 30 cm hoch. Es gibt sie auch kürzer und gebogen. Legen Sie sie flach, mit der 30 cm breiten Seite nach oben, dann können Sie ohne Beton arbeiten. Erstellen Sie ein Kiesbett, wie oben beschrieben. Sie können die Steine auch mit der schmalen Seite nach oben setzen, so wird die Zeile nur 10 cm breit. Dazu brauchen Sie allerdings einen kiesigen Unterbau und ein Betonbett.

2

Ein gutes Fundament

Schwere, große Steine können Sie trocken verlegen, also in ein Kiesbett ohne Beton. Heben Sie einfach einen Graben aus, etwas breiter als der Stein. Die Tiefe richtet sich nach den Steinen: 14 cm plus Steinhöhe. Dann füllen Sie 10 cm Kies ein und verdichten ihn. Darauf kommt eine ca. 4 cm hohe Schicht Kies. Nun die Steine einsetzen, mit dem Gummihammer festklopfen und mit der Wasserwaage gerade richten. Die Ränder füllen Sie mit Erde-Sand-Gemisch auf. Kleine, leichte Steine verrutschen schnell. Sie brauchen daher ein Bett aus Beton. Suchen Sie sich hierfür Hilfe bei Fachleuten.

3 **Klinkerband:** Auch Klinkerstein zählt genau genommen zu den Natursteinen, denn er besteht aus gebranntem Ton, der in rechteckige Formen gepresst oder geschnitten wird. Klinker gibt es in den verschiedensten Farben, von hellem Gelb bis zu dunklem Rotbraun oder bläulichen Tönen. Als Abgrenzung eines bunten Beetes im Rasen sind größere Formate schwer genug, um nur auf Kies verlegt zu werden. Haltbarer wird die Zeile aber (Kinder balancieren gern auf den geraden Rändern), wenn sie in ein Betonbett gesetzt wird. Haben Sie kleine, schmale Klinker gekauft, können Sie Ihre Beete auch mit einer gebogenen Randzeile abschließen.

4 **Betonsteine:** Betonsteine in vielen Farben und Formen sind eine preiswerte Alternative. Als erhöhte Randbegrenzung eines Weges bilden sie den Abschluss des Beetes und halten gleichzeitig den Weg. Aber auch eine Zeile aus kleinen Betonsteinen als Beetgrenze zum Rasen hin sieht schön aus. In jedem Fall brauchen diese Steine ein Betonbett. Nur wenn Sie größere, schwere rechteckige Platten nebeneinander oder auch versetzt zueinander verlegen, reicht ein Bett aus Kies.

... unsere kleine Gärtnerin

HIER DREHT SICH ALLES UM FARBE: PURPUR IN DEN SCHÖNSTEN SCHATTIERUNGEN. UND ÜBER DEN LEUCHTENDEN BLÜTEN SCHWEBT DER DUFT NACH ROSEN, HONIG UND MANDELN.

7

Purpurbeet im Spiel der Farben

Ein Hauch von Luxus und Geheimnis

Das braucht man dazu:

PFLANZEN

a) 3 × Bartfaden
Penstemon digitalis 'Husker Red'

b) 1 × Blasenspiere
Physocarpus opulifolius 'Diabolo'

c) 1 × Hechtrose
Rosa glauca

d) 3 × Indianernessel
Monarda fistulosa × tetraploid

e) 6 × Mädchenauge
Coreopsis verticillata 'Moonbeam'

f) 2 × Moorreitgras
Calamagrostis × acutiflora 'Karl Foerster'

g) 2 × Rotes Mädesüß
Filipendula rubra 'Venusta'

h) 1 × Sommermargerite
Leucanthemum Superbum-Gruppe

i) 3 × Staudenphlox
Phlox paniculata 'Purpurkuppel'

ZUBEHÖR

Spaten, Grabegabel, Schaufel, Eimer, Schubkarre, Hornspäne, bei Bedarf Sand, Komposterde

KURZINFO

Anlage	April – September
Standort	sonnig bis halbschattig
Bodentyp	normal bis lehmig
Beetgröße	2 × 5 m
Zeitbedarf	4 Std.
Pflegebedarf	2 Std./Monat
Level	*

Dunkles Purpur, magisch und verschwenderisch, schimmert hier im Sonnenlicht. Als Kontrast leuchten helle Blüten vor dem dunklen Hintergrund. Purpur war im Altertum ein kostbarer Farbstoff, nur hochgestellte Persönlichkeiten durften sich mit ihm kleiden. Die Farbe wurde aus der Purpurschnecke gewonnen, und je nach Verarbeitung entstanden grüne, altrosa, tiefrote, bläulich violette oder fast schwarze Farbtöne. All diese Farben finden Sie in diesem Beet wieder. Zur Sommerzeit ist diese Pflanzung in Hochform. Phlox prunkt mit seinen zart duftenden lila Blütenbällen vor dem dunklen Purpur der Blasenspiere. Jetzt blüht auch die Indianernessel: Bei jeder Berührung entströmt ihren Blättern feinstes Rosenaroma. Als Teezusatz, im Duftpotpourri, im Wäschesäckchen – eine Vielzahl von Verwendungsmöglichkeiten gibt es für dieses zarte Blatt. Mit den zierlichen Blütenblättchen können Sie Süßspeisen verzieren.
Auch die feinen, stark nach Honig und Mandeln duftenden, hellrosa Blütchen des Mädesüß sind

dazu geeignet. Sommer, Hitze, Badestrand – in manch einem wird ihr süßes Aroma Erinnerungen wachrufen, denn die bei uns heimische weiße Art wächst wild am feuchten Uferrand.
Helles Rosa steuert um diese Jahreszeit auch der Bartfaden bei – zierliche Blütenrispen spinnen sich über dem dunklen Laub in einem faszinierenden Kontrast. Im Herbst entwickelt er schon dichte, neue Blattrosetten für das nächste Jahr. Im winterlich-weißen Garten leuchtet ihr dunkles Purpur aus der Schneedecke heraus.
Und wenn am Abend alle Farben längst schlafen gegangen sind, leuchten noch die silbernen Sternchen des Mädchenauges mit dem passenden Namen 'Moonbeam' – Mondstrahl. In der Mitte des Beetes schimmern die großen Blüten der Sommermargerite.

Verschwenderische Pracht

Allzu viel Pflege verlangen die Beetbewohner nicht. Die Blasenspiere macht, einmal gepflanzt und im Herbst gut versorgt, keine Arbeit mehr. Sie ist eine kompakte Gestalt, die keinen Schnitt braucht, um über viele Jahre gut auszusehen. Aber natürlich können Sie zwei, drei Zweige des purpurnen Laubes entnehmen, um beeindruckende Blumensträuße zu gestalten, das nimmt sie nicht übel. Da der Strauch ausgewachsen höchstens 3 m hoch und breit wird, ist er auch für den kleineren Garten geeignet. Im Spätsommer entwickelt er kleine Büschel dekorativer, eckiger Fruchtstände, die sich bis zum Herbst aufblasen und auch im Winter noch zieren. Daher trägt er seinen Namen zu Recht.
Dieses Beet anzulegen, ist nicht schwer. Voraussetzung ist ein eher frischer, nicht zu sandiger Boden und ein Platz, der mindestens sechs Stunden Sonne bekommt. Er mag am Zaun liegen oder auch in der Mitte einer großen Wiese. Viel Vormittags- und Nachmittagssonne ist ideal, mittags profitiert das Beet von Schatten.
Haben Sie sich für dieses Beet entschieden und einen Platz gefunden, werden Sie lange Freude an dieser Gestaltung haben. Ihre neuen Pfleglinge

sind Sträucher und langlebige Stauden, die sich nach und nach ausbreiten. Vielleicht drängeln sie sich nach drei oder vier Jahren schon regelrecht im Beet. Dann können Sie die Stauden aus dem Boden herausnehmen, teilen und dieses kleine Beet einfach an den Rändern erweitern.
Ergänzen können Sie dieses Beet mit frühen, mittleren und späten Tulpen in Rosé bis Magenta. Auch die lila Blütenbälle des Iranlauchs passen gut in diese Pflanzung.

SO GELINGT DIE FARBENPRACHT

Wenn Sie ein bereits vorhandenes Beet umgestalten wollen, dann beginnen Sie mit der Bodenvorbereitung. Möchten Sie das Beet hingegen auf einer Rasenfläche neu anlegen, heben Sie zuvor den Rasen ab (→ Seite 124–125): Rasen abstechen und abheben, Boden umgraben und Unkraut entfernen. Dann folgt wie beim bereits bestehenden Beet die Bodenvorbereitung.
Bringen Sie ca. 10 cm hoch Komposterde aus. Ist Ihr Boden recht schwer, ist eine Beimischung von Sand, ungefähr 5 cm hoch, immer günstig, weil der Boden dann bei der Pflege leichter zu bearbeiten ist. Die Fläche spatentief mit der Grabegabel oder dem Spaten umgraben und Material gut durchmischen.
Nun alle Pflanzen gut wässern. Ein trockener Erdballen nimmt im Beet kaum Wasser auf. Dann vertrocknet die Pflanze bei Sonnenschein, auch wenn sie nach dem Pflanzen gegossen wurde. Deshalb nur gut feuchte Stauden einsetzen.

Bestimmen Sie als Erstes den Standort für die Blasenspiere und heben Sie ein Loch aus. Gut zweimal so tief und breit, wie der Ballen des Strauches groß ist, sollte es sein. Den Untergrund noch einmal gut lockern, dann zusätzlich Hornspäne auf den ausgehobenen Haufen und in das Loch geben und unterarbeiten. Ist der Haufen neben dem Loch schon humos genug? Ein Drittel Komposterde darf es schon sein, dann ist der Strauch fürs Erste gut mit Nahrung versorgt. Also wenn nötig noch Komposterde zufügen und dann etwas Erde ins Loch füllen.
Nun setzen Sie den Strauch hinein und prüfen, ob er schon hoch genug steht. Er sollte nicht tiefer stehen, als vorher in seinem Topf, also wenn nötig, noch mal herausnehmen, Erde einfüllen und dann endgültig an seinen Platz stellen. Füllen Sie jetzt rund um den Strauch die Erde ein und drücken Sie sie mit dem Handballen oder Fuß um den Strauch herum gut fest. Wenn nötig, füllen Sie noch einmal nach. Formen Sie mit der restlichen Erde einen Wall um die Pflanze. Beim Gießen kann so das Wasser nicht ins Beet ablaufen, sondern bleibt um den Strauch herum stehen, bis es langsam tief einsickert.
Bestimmen Sie nun den Standort der Rose: Sie braucht genug Platz für ihre Wurzeln und daher genügend Abstand zum Strauch. Dann gehen Sie vor wie beim Pflanzen der Blasenspiere. Danach kommen die Stauden an die Reihe. Legen Sie sie nach Plan auf der Fläche aus, so sehen Sie, ob die Abstände stimmen, und können Fehler noch korrigieren. Begehen Sie das Beet jetzt nur noch, wo nötig, denn Sie haben den Boden gut bearbeitet, und er ist jetzt schön locker. Pflanzen Sie die Stauden nun ein. Gehen Sie dabei vor, wie auf Seite 34–35 beschrieben. Beginnen Sie im hinteren Bereich und arbeiten Sie sich nach vorne. So vermeiden Sie es, auf schon Gepflanztes zu tre-

ten. Im Bereich von Mädchenauge und Bartfaden soll der Boden schön locker sein, also bei Bedarf noch Sand zugeben.
Ist alles gesetzt, gießen Sie die Pflanzen gut an. Nehmen Sie dazu am besten einen Wasserschlauch, denn die Erde soll auch in tieferen Schichten feucht werden, nicht nur in den oberen 3 cm. Gießen Sie die zwei Sträucher so lange, bis das Wasser im Gießrand stehen bleibt. Bei trockener Witterung in den nächsten Tagen wiederholen Sie das am Morgen und am Abend. Die kleinen Stauden gießen Sie durchdringend dicht an der Basis unter den Blättern – scheint die Sonne, würden Wassertropfen auf den Blättern wie ein Brennglas wirken und die Blätter verbrennen.
Fertig? Dann können Sie schon anfangen zu genießen. Oder Ihrer Kreativität freien Lauf lassen: Wie wäre es mit purpur-rosé-farbener Dekoration für das Beet? Zusätzliche Zwiebelpflanzen bringen im Frühjahr Farbe ins Beet, etwa rosa blühende Tulpen oder Krokusse und Lilien in Rosa und Violett, die Sie im Herbst pflanzen. Oder wie wäre es mit einer rosa Clematis im Strauch?

1 **Loch ausheben:** Den Boden verbessern. Dann ein Loch für den Strauch ausheben, doppelt so breit und tief wie der Ballen.

2 **Untergrund lockern:** Stechen Sie die Grabegabel am Grund des Lochs in den Boden und drehen Sie die Zinken hin und her, um den Boden auch hier zu lockern.

3 **Düngen:** Geben Sie als Langzeitdünger Hornspäne in das Loch und auf den ausgehobenen Haufen. Arbeiten Sie alles unter. Diese Späne sind ein Naturprodukt, das nur langsam von Bodenlebewesen abgebaut wird und so über einen längeren Zeitraum seine Nährstoffe freisetzt.

4

4 Mischen: Mischen Sie den Aushub und Komposterde im Verhältnis 3:1 neben dem Loch miteinander gut durch. Nehmen Sie hierfür lieber gekaufte Komposterde, denn sie ist schon besser zersetzt. Eigener Kompost wird in der Tiefe von den Bodenlebewesen zu langsam verarbeitet.

5

5 Wurzeln auseinanderziehen: Steht der Strauch schon zu lange im Topf, haben sich die Wurzeln möglicherweise zu einem festen Ballen verwoben. Ziehen Sie sie dann mit den Händen vorsichtig auseinander, denn das kreisförmige Wachstum setzt sich sonst im Boden fort.

6

6 Strauch einsetzen: Stellen Sie den Strauch ins Loch und füllen Sie so lange Substrat unter, bis der Wurzelansatz und die Beetoberfläche auf einer Ebene liegen. Der Strauch sollte in keinem Fall tiefer eingegraben werden, als er vorher im Topf stand, sonst wächst er nicht gut an.

7

7 Erde andrücken: Dann wird um den Strauch das Erdgemisch eingefüllt und gut angedrückt, damit sich keine Luftlöcher bilden. So bekommt der Ballen gleich einen guten Anschluss an die umliegende Erde, und die Wurzeln beginnen schnell zu wachsen.

In diesem Beet wachsen schöne Schnittblumen Seite an Seite.

8 **Gießrand bilden:** Aus der Erde nun um den Strauch herum einen kleinen Wall bilden und gut festdrücken. Er dient nun für einige Tage als Gießrand, um das Wasser anzustauen. So kommt es speziell dem Strauch zugute, der viel Feuchtigkeit braucht, um neue Wurzeln zu bilden.

9 **Stauden verteilen:** Ist auch die Rose wie in den Schritten 1–8 eingepflanzt, verteilen Sie die Stauden nach Plan. Haben alle genug Platz? Dann können Sie pflanzen.

10 **Mädchenauge pflanzen:** Das Mädchenauge mag zwar einen fruchtbaren Boden, aber locker sollte er sein. Mischen Sie bei Bedarf also etwas Sand zu. Das Gleiche gilt für den Bartfaden. Pflanzen Sie die Stauden dann ein, so tief wie sie vorher im Topf stand.

11 **Gießen:** Wässern Sie nun ausgiebig auf den Boden nahe der Basis der Pflanzen. Bei Sonne sollten die Blätter nicht nass werden.

PFLANZEN FÜR DAS PURPURBEET

1

1 Bartfaden
Penstemon digitalis 'Husker Red'

BLÜTEZEIT: Juli – August, HÖHE: 100 cm
Durchlässigen Boden mag dieser Bartfaden. Er ist winterhart und relativ **langlebig**. Nach der Blüte zurückschneiden. Die Blattrosetten zieren auch im Winter.

2

2 Blasenspiere
Physocarpus opulifolius 'Diabolo'

BLÜTEZEIT: Juni – Juli, HÖHE: bis 3 m
Am liebsten mag dieser Strauch einen frischen Boden mit guter Wasserversorgung. Dann ist er robust und pflegeleicht. Nur für die Vase schneiden. **Herbstfärbung**!

3

3 Hechtrose
Rosa glauca

BLÜTEZEIT: Juni, HÖHE: bis 3 m
Normaler bis durchlässiger Boden bekommt dieser einmal blühenden Rose. Bei Bedarf im Herbst oder Frühjahr zurückschneiden. Im Herbst bildet sie kleine, **rote Hagebutten**.

4

4 Indianernessel
Monarda fistulosa × tetraploid

BLÜTEZEIT: Juni – Juli, HÖHE: 120 cm
Diese Pflanze mit den **eleganten Blüten** treibt Ausläufer. Sieht das Laub im Herbst nicht mehr schön aus, schneiden Sie die Pflanze bis auf den Boden zurück. Ihre duftenden Blätter parfümieren Tee, Essig und vieles mehr.

Sonne Halbschatten essbar Duft Winterschutz

5 Mädchenauge

Coreopsis verticillata 'Moonbeam'

BLÜTEZEIT: Juli – September, **HÖHE:** 40 cm
Das Mädchenauge braucht einen nährstoffreichen, durchlässigen Boden. Es **bildet Ausläufer** und kann im Herbst oder Frühjahr geteilt werden. Nach der Blüte stehen lassen.

6 Moorreitgras

Calamagrostis × acutiflora 'Karl Foerster'

BLÜTEZEIT: Juni – August, **HÖHE:** 100–150 cm
Dies ist ein hohes, **anspruchsloses Gras.** Binden Sie es vor dem Wintereinbruch zusammen, so drückt Schnee die langen Halme nicht zu Boden. Die Rispen zeitig vor dem neuen Blattaustrieb im Frühjahr zurückschneiden.

7 Rotes Mädesüß

Filipendula rubra 'Venusta'

BLÜTEZEIT: Juli – August, **HÖHE:** 100–150 cm
Mädesüß bei Trockenheit gießen. Der Wurzelstock kann geteilt werden. Die **Blüten duften** nach Honig und Mandel.

8 Sommermargerite

Leucanthemum Superbum-Gruppe

BLÜTEZEIT: Juli – September, **HÖHE:** 60 cm
Schneiden Sie Verblühtes ab, dann blüht die Margerite oft erneut. Im Herbst kurz über den schon sichtbaren neuen Bodentrieben zurückschneiden. Wurzelstock **im Herbst teilen.**

9 Staudenphlox

Phlox paniculata 'Purpurkuppel'

BLÜTEZEIT: August, **HÖHE:** 100–120 cm
Phlox mag nährstoffreichen Boden mit guter Wasserversorgung. Im Herbst oder Frühjahr kann er geteilt werden. **Leichter Duft.**

Schnittblume   Insektenmagnet

SO BLEIBT IHR PURPURBEET GESUND

1 **Phlox einkürzen:** Einen Teil der Staude können Sie vor der Blüte im Juni auf die Hälfte zurückschneiden. Diese Stängel blühen dann später, so verlängert sich die Blütezeit.

2 **Bartfaden schneiden:** Nach der Blüte den Bartfaden etwas zurückschneiden. So verbraucht er seine Kraft nicht für die Bildung von Samen, sondern treibt wieder aus und bildet jetzt schon für das nächste Jahr kräftige Blattrosetten. Vielleicht blüht er auch noch einmal.

3 **Phlox teilen:** Im Herbst schneiden Sie die Stängel kurz über dem Boden ab. Dann graben Sie die Pflanze mit dem Wurzelballen aus und teilen sie mit einer Handschaufel oder dem Spaten je nach Größe in zwei oder mehr Teile.

Die prächtigen Stauden wollen im Sommer regelmäßig gegossen werden. Sie danken es Ihnen mit üppigen Blüten und reichem Wachstum.

FRÜHLING

Schneiden Sie die **Gräser** zeitig zurück, noch bevor die neuen Halme treiben. **Mädchenauge** und **Mädesüß** ebenfalls dicht über dem Boden abschneiden, ohne die schon neu hervorspitzenden Triebe zu verletzen. Haben Sie im Herbst nicht gedüngt, holen Sie das jetzt nach. Am besten ist Komposterde, 2–5 cm hoch aufgebracht. Geben Sie abgefallenes Blattwerk der **Blasenspiere** unter die Zweige, es wird im Sommer von Bodenlebewesen verarbeitet.
Ist die **Rose** zu dicht oder zu hoch, können Sie auch jetzt noch schneiden. Nehmen Sie einzelne quer wachsende, sehr dünne, kurze oder abge-

storbene Triebe oder auch einen ganz alten Zweig mit einer Astschere oder Säge von unten heraus. So verjüngen Sie den Strauch.
Stauden, die zu viel Raum einnehmen, können Sie jetzt teilen. Das **Mädchenauge** wächst durch Ausläufer zu einem Teppich zusammen. Stechen Sie an den Rändern mit der kleinen Schaufel etwas ab, wenn es seine Nachbarn bedrängt.

SOMMER

Den Boden bei Bedarf zwischen den Stauden lockern und Unkraut entfernen. Bei Trockenheit immer gießen, alle Stauden brauchen viel Wasser. Nur das **Mädchenauge** mag es trockener. Einen Teil des **Phlox** im Juni vor der Blüte zurückschneiden, dann blüht er länger (→ Abb. 1). **Margerite** und **Bartfaden** nach der Blüte zurückschneiden, sie blühen dann vielleicht noch einmal (→ Abb. 2).
Die Blütenstände der **Rose** lassen Sie stehen, sie bildet dann bis zum Spätsommer kleine, rote Hagebutten aus. Frisch oder getrocknet – aber ohne die Samen im Inneren – ergeben sie einen Tee. Teeblätter mit feinem Rosenduft liefert auch die **Indianernessel**.

HERBST

Bei Bedarf jetzt die **Rose** schneiden. Ist das Blattwerk von **Phlox**, **Indianernessel**, **Bartfaden** und Margerite unansehnlich geworden, schneiden Sie es bis zum Boden herunter. Dabei nicht die neuen, schon für das nächste Jahr gebildeten Blattrosetten verletzen. Jetzt kann der Phlox geteilt werden (→ Abb. 3). **Reitgras**, **Mädchenauge** und **Mädesüß** bleiben noch stehen, denn mit Raureif überzuckert machen sie sich gut im winterlichen Garten. Das Gras zusammenbinden, damit es der Schnee nicht niederdrückt. Jetzt den Boden dünn mit Komposterde überstreuen.

WINTER

Stellen Sie ein Vogelhäuschen vor den Strauch und zwischen die Gräser, so haben Sie auch im Winter Leben in Ihrem Beet.

4 **Gräser zusammenbinden:** Im späten Herbst die Wedel zusammenbinden, damit sie nicht von Wind und Schnee zu Boden gedrückt werden.

5 **Die Rose pflegen:** Im Herbst oder zeitigen Frühjahr zurückhaltend schneiden. Entfernen Sie mit einer scharfen Gartenschere alles Dürre und dünne Zweige bis zur nächsten Astgabelung.

SILBRIGE STAUDEN UND
ALLERLEI ESSBARES IM KIESIGEN BEET:
DAS VERMITTELT LEICHTIGKEIT UND
EIN MEDITERRANES LEBENSGEFÜHL.

8

Mediterranes Flair im Kiesbeet

Ein Garten wie im sonnigen Süden

Das braucht man dazu:

PFLANZEN

a) 3 × Alpenaster
Aster alpinus 'Happy End'

b) 3 × Currykraut
Helichrysum italicum 'Silbernadel'

c) 3 × Grünes Heiligenkraut
Santolina rosmarinifolia 'Primrose Gem'

d) 1 × Meerkohl
Crambe cordifolia

e) 1 × Schleierkraut
Gypsophila-Hybride 'Rosenschleier'

f) 1 × Weinrebe
Vitis vinifera 'Glenora'

g) 1 × Ysop
Hyssopus officinalis 'Roseus'

h) 2 × Ziersalbei
Salvia nemorosa 'Amethyst'

ZUBEHÖR

Spaten, kleine und große Schaufel, Grabegabel, Rechen, Schubkarre, Findling, Kies (Wandkies 0/X oder Mischkies 0/32), Komposterde, Kiesel, dekorativer Ast

KURZINFO

Anlage	März – Oktober
Standort	sonnig
Bodentyp	kiesig
Beetgröße	2 × 2,5 m
Zeitbedarf	6 Std.
Pflegebedarf	2 Std./Monat
Level	✻✻

Sehnen Sie sich nach dem warmen Süden, dem Duft mediterraner Kräuter und dem Rascheln von Blättern im Sommerwind? Dann legen Sie an einer sonnigen Stelle Ihres Gartens dieses Kiesbeet an. Die luftig wirkenden silbernen Blätter und duftigen Strukturen, das würzige Aroma der Kräuter werden Sie vom Urlaub träumen lassen.
Farblich ist dieses Beet ein Genuss: Die kleinen Sterne der Alpenaster blühen ab Mai neben dem silbernen Laub des Currykrauts. Im Frühsommer werden sie von den riesigen, zart duftenden Blütenschleiern des Meerkohls und den lila flammenden Blütenkerzen des Ziersalbeis abgelöst. Im Hochsommer folgen, eingewebt zwischen Schleierkraut, die hellgelben Blütenköpfchen des Currykrauts und der Heiligenblume.
Im Herbst zeigt sich der Wein von seiner besten Seite: Die Trauben sind reif und verlocken zum Naschen. Später werfen seine Blätter ein leuchtendes Herbstkleid über. Die Sorte 'Glenora' bildet weiße Trauben. Wer lieber blaue mag, wählt 'Muscat Bleu': Sie schmeckt himmlisch.

Die Freude an Ihrem neuen Beet beginnt gleich zu Anfang und lässt das anstrengende Schaufeln schnell vergessen: Mit dem Kies lassen sich unregelmäßige Oberflächen formen, die mit ein paar Steinen und Kieseln zu kleinen Landschaften werden. Vielleicht finden Sie im Wald oder an einem Gewässer auch einen schönen großen Stein – einen Findling –, den Sie in das Beet integrieren möchten. Lassen Sie sich beim Gestalten am besten von Kindern helfen. Ihr kreativer Elan wirkt ansteckend!

Spätestens im zweiten Jahr sind die Kiesflächen dann zum großen Teil von den Pflanzen überwachsen. Dann liegt der Kräuterduft der mediterranen Pflanzen in der Luft. Und im Winter, wenn andere Beete nur braune Flächen zu bieten haben, zeigt Ihre Gestaltung erst richtig, was in ihr steckt: Die beschnittenen Stauden enthüllen jetzt wieder Beetstruktur und schöne Steine. Liegt im Winter Schnee auf der Landschaft, ragt immer noch der große Findling aus der weißen Decke hervor und belebt das stille Gartenbild.

Auf Ihren zukünftigen Ausflügen werden Sie entdecken: Dieses Beet steckt voller Möglichkeiten! Sie werden Lust bekommen, überall schöne Steine und Kiesel, dicke Äste und andere Dekomaterialien zu sammeln und das Beet immer wieder neu zu ergänzen.

Das Gute ist: Hier dürfen Sie viel gestalten und noch mehr ernten, aber zu pflegen gibt es nicht viel. Im Frühjahr und noch einmal nach der Blüte beschnitten, kommen die Stauden auch in heißen Sommern ohne Gießen zurecht. Unbesorgt können Sie nun in Urlaub fahren, auch wenn das fast schwerfällt, wo der Süden doch schon zu Hause bei Ihnen Einzug gehalten hat ...

Mediterranes für die Küche

Als essbare Gäste im kiesigen Beet versammeln sich hier Currykraut und Ysop. Beide sind, in kleinen Mengen über indische oder mediterrane Gerichte gestreut, eine neue kulinarische Versuchung. Probieren Sie Ysop auch auf Butterbroten oder zu Quarkspeisen – ein lohnenswerter Versuch. Mögen Sie den eigenwilligen Geschmack nicht, dann genießen Sie stattdessen den Anblick der blauen Blütenfülle und freuen Sie sich an den Bienen, die den Ysop umschwirren.

Auch das Grüne Heiligenkraut ist essbar. Die grünen Blätter, auch Olivenkraut genannt, schmecken nach Oliven.

Lust auf mehr bekommen? Dann dürfen Sie sich auch gleich an ein größeres Beet heranwagen: Einfach mehr Kies besorgen, die Menge an kleinen Pflanzen vervielfachen und dann größere Tuffs von jeder Sorte pflanzen. Vom großen Meerkohl und vom Wein reicht aber jeweils ein Exemplar.

Oder wollen Sie Ihr Sortiment in einem größeren Beet erweitern? Dann können Sie auf die Klassiker Südeuropas zurückgreifen: Thymian, Lavendel und Rosmarin passen gut in dieses Beet. Gräser wie Mädchenhaargras, in Bändern oder größeren Tuffs gepflanzt, erhöhen die luftig leichte, mediterrane Wirkung. Blumenzwiebelfreunde pflanzen Wildarten von Tulpen und Lauch.

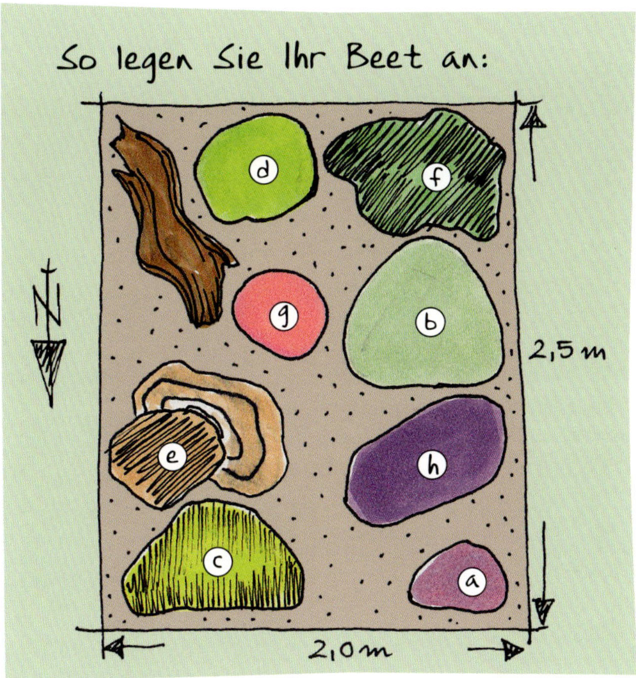

GESTALTEN NACH LUST UND LAUNE

In Ihrem Beet sollen sich mediterrane Pflanzen zu Hause fühlen. Ihre sonnenhungrigen Gäste mögen aber nicht nur einen warmen Kopf – also viel Sonne –, sondern auch warme und trockene Füße. Um diese Bedingungen zu schaffen, legen Sie als Erstes ein Kiesbett an. Bei einem leichten, eher sandigen Boden reicht es, wenn Sie dafür die Erde etwa 30 cm tief ausheben. Haben Sie eher schweren, feuchteren Boden, sollten Sie das Beet bis zu zwei Spaten tief ausheben (→ Seite 74–75). Nun füllen Sie Kies in die ausgehobene Grube. Wandkies der Korngruppe 0/X oder 0/32-Mischkies eignet sich am besten. Füllen Sie etwas mehr Substrat ein, als Sie ausgehoben haben, dann können Sie die Oberfläche später hügelig gestalten. Um die anfangs kleinen Pflänzchen gut mit Nährstoffen zu versorgen, mischen Sie den Kies mit Komposterde aus einer nahe gelegenen Kompostieranlage. So werden die Pflanzen gleich gut anwachsen. Nehmen Sie etwa ein Viertel Komposterde und drei Viertel Kies, dann haben Sie ein wasserdurchlässiges und ausreichend nährstoffreiches Substrat.

Ist alles gut durchmischt? Dann bringen Sie mit dem Rechen das Ganze in Form (→ Abb. 5). Lassen Sie sich dafür viel Zeit. Was Sie jetzt gestalten, werden Sie für Jahre vor Augen haben, denn die Grundform werden Sie später kaum mehr verändern. Kinder helfen gerne mit, lassen Sie sich von ihrem kreativen Eifer anstecken.

Haben Sie Kies mit einem Anteil sehr großer Kiesel gekauft, dann ziehen Sie beim Rechen die größeren Steine zu Bändern zusammen. Dazwischen bilden sich freie Flächen, die jetzt schon zum Pflanzen einladen. Sie werden sehen – das ist eine ganz meditative Arbeit.

Sind Sie mit der Anlage zufrieden, setzen Sie nun den Findling ein – oder auch gleich mehrere. Legen Sie ihn auf die vorgesehene Stelle und prüfen Sie von Ihrem Sitzplatz aus die Lage. Gefällt er Ihnen hier, oder soll er noch etwas versetzt werden? Schauen Sie den Stein genau an. Meist hat er eine Vorderseite und einen Rücken. Drehen Sie ihn in die richtige Position. Vielleicht müssen Sie ihn noch etwas tiefer setzen, damit er gut in die kleine Kieslandschaft passt. Dann füllen Sie ihn von hinten mit Kies an (→ Abb. 7). Haben Sie auch noch einen schönen Ast, dann fügen Sie ihn in Ihre Gestaltung mit ein.

Wenn Sie beim Rechen einige größere Steine aussortiert oder vorsorglich bei Ihren letzten Spa-

ziergängen schöne Kiesel gesammelt haben, dann verteilen Sie sie jetzt zu Bändern. Auch Bänder aus buntem Glas sind schön.
Ist die Grundstruktur fertig, setzen Sie als Erstes den Wein. Heben Sie ein mindestens spatentiefes Loch aus. Die dicke Veredelungsstelle muss 3 cm über dem Boden liegen. Dem ausgehobenen Kies geben Sie noch etwas Humus hinzu (der Humusanteil kann hier ein Drittel betragen). Dann das Gemisch in das Loch füllen.
Schließt ihr Beet an die Terrasse an, kann der Wein mit einem Spanndraht an die Hauswand geleitet werden und dort ranken. Ist Ihr Beet an einer Treppe, können seine Triebe frei nach unten hängen. Oder Sie stützen den Stamm mit einem Holzpflock (den Stab zu einem Drittel in der Erde versenken) und schneiden die neuen Triebe jedes Jahr kurz zurück. So wird das Stämmchen immer dicker, und Blätter und Trauben hängen in einem dichten Mantel zu Boden.
Anschließend setzen Sie die Stauden ein. Lassen Sie auch dabei Ihre eigene Fantasie spielen – der Plan auf Seite 107 ist nur eine ungefähre Vorgabe. Sie können beim Pflanzen nichts falsch machen, denn die kleinen Stauden können Sie im Herbst oder Frühjahr gut noch einmal versetzen. Nur Wein und Meerkohl sollten, einmal gepflanzt, an ihrem Platz bleiben.

Beetschmuck aus Stein

Wenn Sie bei Ihren Spaziergängen keinen schönen Stein für Ihr Beet finden, dann schlendern Sie doch am Wochenende durch die Freianlagen eines nahe gelegenen Steinhändlers und suchen sich dort in Ruhe einen schönen Findling aus. Vom Wasser in Tausenden von Jahren rund geschliffen, aus dem Steinbruch frisch gebrochen, in dunklem Grün, strahlendem Weiß oder hellem Rosé – es gibt unendlich viele Varianten.
In Japan werden besonderen Steinen sogar Namen verliehen. Haben Sie sich erst einmal in einen verliebt, werden Sie das gut verstehen! Wählen Sie Ihren Stein so groß wie möglich, Sie werden sehen, dass er im Garten viel kleiner wirkt.

Gut in diesem Beet macht sich Kies mit unterschiedlich großen Kieselsteinen.

1 Erde ausheben: Im Bereich des neuen Beetes heben Sie die Erde in einer Tiefe von etwa 30 cm aus. Der Boden muss unbedingt durchlässig sein! Ist der Untergrund sehr verdichtet und nass, sind bis zu zwei Spaten tief nötig.

2 **Kies einfüllen:** Kies in die ausgehobene Grube füllen. Geben Sie mehr Substrat hinein, als sie herausnehmen, damit können Sie anschließend kleine Hügel formen. Überschüssiger Kies lockert andere Beete im Garten auf.

3 **Komposterde zufügen:** Kies allein genügt Ihren Pflanzen nicht, um üppig wachsen und kräftig blühen zu können. Er ist zwar durchlässig, enthält aber kaum Nährstoffe und trocknet zu schnell aus. Deshalb jetzt Komposterde hinzufügen, im Verhältnis ein Viertel Kompost, drei Viertel Kies. Das sorgt für Nährstoffe und eine optimale Wasserhaltefähigkeit.

4 **Durchmischen:** Kompost und Kies nun mit der Schaufel gut durchmischen. Kinder helfen dabei gerne mit. Sie lassen die lockere Erde begeistert durch ihre Finger rieseln.

5 **Verteilen:** Anschließend verteilen Sie mit der Schaufel und einem Rechen das kiesige Substrat, formen kleine Täler und ziehen Hügel hoch. Lassen Sie dabei Kreativität und Spieltrieb freien Lauf; je größer die Fläche ist, desto besser geht das. Auch hier sind Kinder eine große Hilfe.

6 **Kiesbänder gestalten:** Haben Sie Wandkies mit teils größeren Kieseln gekauft (0/X), können Sie nun mit einem Rechen diese Steine zu Bändern rechen. Dazwischen bilden sich Flächen mit kleineren Steinen. Die Strukturen sind im Sommer überwachsen, im Winter gut zu sehen.

7 **Stein setzen:** Legen Sie nun einen schönen Stein in Ihre Landschaft. Betrachten Sie ihn genau – wo ist seine Vorderseite? Drehen Sie seine Schauseite nach vorne. Vielleicht müssen Sie ihn etwas tiefer eingraben. Schütten Sie ihn abschließend von hinten mit Kies an.

8 **Kiesel verteilen:** Dem feinen Mischkies fehlen große Kiesel. Kieselsammler aber haben schon vorgesorgt: Jetzt können Sie – oder noch besser Ihre Kinder – diese Steine hier verteilen. Sie können nichts falsch machen, bei Bedarf einfach umschichten. Und immer wieder neue Accessoires sammeln oder Glassteine hinzufügen.

9 **Stauden pflanzen:** Legen Sie nun die Pflanzen aus. Lassen Sie auch hier Ihre Fantasie spielen, der Pflanzplan ist nur eine grobe Richtschnur. Aber achten Sie auf genügend Abstand zwischen den einzelnen Pflanzen.

„SÜDLÄNDER“ FÜR DAS KIESBEET

1 Alpenaster
Aster alpinus ‘Happy End’

BLÜTEZEIT: Mai – Juni, **HÖHE:** 20 cm
Diese kleine Aster mit einem **Blütenköpfchen** pro Stängel sollte jedes Jahr geteilt werden, um lange zu leben.

2 Currykraut
Helichrysum italicum ‘Silbernadel’

BLÜTEZEIT: Juli – September, **HÖHE:** 40–50 cm
Die nach Curry duftenden Blätter sind **essbar**. Ein durchlässiger Boden garantiert ein gutes Gedeihen. Nach der Blüte kräftig zurückschneiden.

3 Grünes Heiligenkraut
Santolina rosmarinifolia ‘Primrose Gem’

BLÜTEZEIT: Juni – August, **HÖHE:** 30–50 cm
Das Heiligenkraut im Frühjahr zurückschneiden, um es **kompakt** zu halten. Mit ein wenig Schutz kommt es gut über den Winter.

4 Meerkohl
Crambe cordifolia

BLÜTEZEIT: Juni – Juli, **HÖHE:** 150 cm
Diese imposante, nach **Honig duftende Staude** wird auch Riesenschleierkraut genannt. Im kiesigen Boden wird sie nicht so hoch und ist deshalb ein idealer Begleiter am Beetrand. Ein warmer Boden und etwas Winterschutz bekommen ihm gut. Schneiden Sie im November die dickeren Stängel bodennah ab. Dann decken Sie die Pflanze mit Fichtenreisig zu.

Sonne Halbschatten Schatten Ein-/Zweijährige essbar

5 Schleierkraut

Gypsophila-Hybride 'Rosenschleier'

BLÜTEZEIT: Juni – August, **HÖHE:** 30 cm
Ein kiesiger Boden, eine sonnige Stelle und die kleinen, **gefüllten Blütenköpfe** dieser rosafarbenen Sorte erfreuen monatelang. Auch in der Vase ein filigranes Beiwerk. Im Winter darauf achten, dass nasser Schnee nicht lange auf der Staude liegen bleibt.

6 Weinrebe

Vitis vinifera 'Glenora'

BLÜTEZEIT: Mai – Juni, **HÖHE:** 3–4 m und mehr
Eine Weinrebe, die sich durch Pilz- und Frostfestigkeit auszeichnet. Die **süßen Trauben** reifen auch in unserem Klima aus. Im März die langen Triebe zurückschneiden.

7 Ysop

Hyssopus officinalis 'Roseus'

BLÜTEZEIT: Juli – August, **HÖHE:** 40–60 cm
Volle Sonne, durchlässiger Boden und regelmäßiger Rückschnitt im März und nach der Blüte machen diesen rosafarbenen Ysop zu einem Schmuckstück im Kiesbeet. Die Blätter sind ein **Geschmackserlebnis** in salzigen Quarkspeisen – ausprobieren!

8 Ziersalbei

Salvia nemorosa 'Amethyst'

BLÜTEZEIT: Mai – September, **HÖHE:** 70–80 cm
Nach der Blüte zurückschneiden, dann blüht er im Herbst erneut. Essbar ist sein Verwandter *Salvia officinalis*.

WENIG PFLEGE, VIEL GENUSS

Dieses Beet muss nur in der ersten Zeit gegossen werden, danach entfällt das Wässern selbst in der heißen Jahreszeit. Manche Pflanzen schneiden Sie nach der Blüte zurück, dann noch Unkraut jäten – da bleibt viel Zeit zum Genießen!

FRÜHLING

Ab März schneiden Sie den **Wein**: Die langen Triebe werden gekürzt, bis nur noch zwei Augen übrig bleiben. Das sind sie hellen, wolligen Knubbel, die abwechselnd rechts und links am braunen Zweig sitzen. Aus ihnen wachsen dann die neuen Triebe. Durch das Kürzen bleibt der Wein kompakt und hat mehr Kraft, leckere Weintrauben auszubilden. Im ersten Jahr bei großer Trockenheit noch gießen, später sucht er mit seinen Wurzeln in der Tiefe selbst nach Wasser.
Alle Pflanzen, die im Herbst abgedeckt wurden, befreien Sie nun vom Laub. Fangen im Frühling die verholzten Ästchen von **Heiligenkraut**, **Ysop**, **Currykraut** und **Salbei** an, von unten auszutreiben, schneiden Sie sie etwa auf Handhöhe zurück. Achten Sie darauf, dass unterhalb der Schnittstelle noch neue, grüne oder silberne Triebe bleiben. Schneiden Sie zu spät, hat die Pflanze oben schon ausgetrieben, und Sie entfernen mit dem Schnitt die neuen Blättchen.
Die kleine **Alpenaster** nach der Blüte bis auf die Grundblätter zurückschneiden. An jede Pflanze eine Handvoll Komposterde geben, an die Aster wenig, der Wein kann mehr vertragen.

SOMMER

Nach der Blüte **Salbei**, **Heiligenkraut**, **Currykraut** und **Ysop** zurückschneiden. Die Sträuchlein treiben danach wieder aus und bleiben so gedrungen und dicht. In ihrer mediterranen Heimat besorgen dies die Wildtiere.

1 **Wein schneiden:** Jedes Jahr im März schneiden Sie die langen Triebe vom letzten Jahr ganz kurz auf zwei Augen zurück. Das sind die wolligen, wulstigen Knospen am braunen Zweig.

2 **Unkraut jäten:** Graben Sie Erde und Kies beiseite und verfolgen Sie die Wurzeln von Unkräutern bis zum Ende, denn sonst treiben sie wieder aus. Löwenzahn entfernen Sie am besten mit dem Distelstecher. Dann decken Sie das Beet wieder mit Kies ab.

3 **Currykraut ernten:** Die jungen Triebe des Currykrauts können Sie laufend mit der Schere ernten. Zarte Blätter über Reisgerichte, Salate oder Kartoffeln streuen oder die Triebe mitkochen (nur kurz) und vor dem Servieren entfernen.

4 **Heiligenkraut schneiden:** Wenn es sehr lang und unordentlich geworden ist, kann das Heiligenkraut gleich nach der Blüte etwas zurückgeschnitten werden. Unbedingt notwendig ist aber ein starker Schnitt im Frühjahr.

Wollen Sie **Trauben** ernten, die langen Triebe am dritten Blatt hinter der Traube, die bald zu sehen ist, abschneiden. So werden die Trauben groß und saftig. Die Blätter können Sie in der Küche verarbeiten: Bestimmt finden Sie ein Rezept für gefüllte Weinblätter. Bei Bedarf Unkraut jäten.

HERBST

Heiligenkraut, **Ysop**, **Currykraut** und **Salbei** sind Halbsträucher, sie ziehen sich nicht wie die Stauden im Winter vollkommen in die Erde zurück. Deshalb sind die Zweige in strengen Wintern – die es in ihrer südlichen Heimat nicht gibt – etwas frostempfindlich. Geben Sie etwas Laub über die Pflanzen, dann erfriert vielleicht ein Teil der Blätter, aber das kleine, holzige Gerüst bleibt bestehen.

Den **Meerkohl** abschneiden (→ Abb. 5), mit Laub und evtl. mit Zweigen locker abdecken. Das kleine **Schleierkraut** 10 cm über dem Boden abschneiden, in kalten Gegenden können Sie auch hier etwas Laub darübergeben.

5 **Meerkohl abdecken:** Anfang November die dicken Stiele bodennah abschneiden und die Pflanze mit Fichtenreisig und Laub zudecken. Auch das Schleierkraut vor Frost schützen.

LUFTIGE GRÄSER UND BLUMEN IM SONNIGEN KIESBEET

Das braucht man dazu:

PFLANZEN
a) 3 × Brandkraut *Phlomis russeliana*
b) 10 × Felsenstorchschnabel *Geranium macrorrhizum* 'Czakor'
c) 10 × Karthäusernelke *Dianthus carthusianorum*
d) 6 × Sternpolster-Glockenblume *Campanula garganica*
e) 3 × Tüpfeljohanniskraut *Hypericum perforatum*
f) 7 × Wimperperlgras *Melica ciliata*

ZUBEHÖR
Schaufel klein und groß, Spaten, Grabegabel, Rechen, Komposterde, Kies, Mauerbausteine, Schubkarre

Runde Blätter stehen hier im Sommer neben den zarten Blütenständen der Gräser. Das Brandkraut steuert als vertikale Struktur dekorative, ornamentale Blütenschäfte bei, umspielt von den blutroten Tupfern der Nelkenblüte.

Der Boden besteht hier etwa zur Hälfte aus Kies oder Schotter, dazu ein Gemisch aus einem Viertel Komposterde und einem Viertel Gartenerde, die ruhig auch lehmig sein kann. Die Stelle, an der das Beet angelegt wird, sollte mindestens acht Stunden in der Sonne liegen. Nur das Brandkraut verträgt auch Halbschatten. Wie das Trockenmauerbeet (→ Seite 76ff.) kann auch dieses Beet mit einer Steinzeile einen Garten mit leichtem Höhenunterschied in zwei Ebenen gliedern. Für die Stauden dienen die Steine als wärmender Rücken und als trockene Blattunterlage.

KURZINFO

Anlage	März – September
Standort	sonnig
Bodentyp	kiesig
Beetgröße	3 × 2 m
Zeitbedarf	6 Std.
Pflegebedarf	2 Std./Monat
Level	✻✻

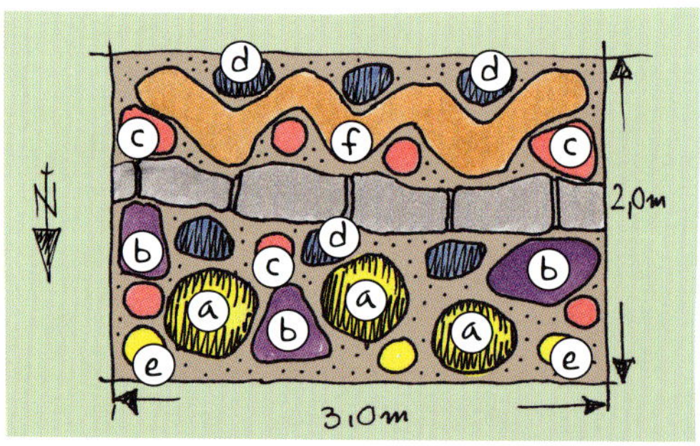

1

2

1 Brandkraut

Phlomis russeliana

BLÜTEZEIT: Juni – Juli, **HÖHE:** 30–100 cm
Diese ganzjährig dekorative Pflanze ist äußerst anspruchslos. Lassen Sie die verblühten Stängel stehen, die Samenstände sind ein **winterlicher Gartenschmuck**. Mit Reisig oder Laub vor Winternässe schützen.

2 Karthäusernelke

Dianthus carthusianorum

BLÜTEZEIT: Juni – Juli, **HÖHE:** 40–60 cm
Diese **einheimische Nelke** braucht durchlässigen, warmen Boden und ist nicht sehr langlebig. Sie samt sich aber aus und taucht dann an anderen Stellen wieder auf.

3

4

3 Tüpfeljohanniskraut

Hypericum perforatum

BLÜTEZEIT: Juni – September, **HÖHE:** 20–80 cm
Das robuste, heimische Johanniskraut ist eine **alte Heilpflanze**. Am 24. Juni, dem Johannistag, ist sein Blütenhöhepunkt und die beste Erntezeit. Winterhart.

4 Wimperperlgras

Melica ciliata

BLÜTEZEIT: Mai – Juli, **HÖHE:** 20–60 cm
Pflanzen Sie das zierliche Wimperperlgras an sonnige Standorte mit durchlässigem Boden, der aber nährstoff- und humusreich sein soll. Sagt ihm sein Platz zu, vermehrt es sich rasch durch **Selbstaussaat**. Sie können es an unerwünschten Stellen aber leicht jäten.

Sonne   Halbschatten   essbar   Schnittblume

PFLANZEN RICHTIG VERMEHREN

Möchten Sie ein neues Beet im Garten anlegen und die Pflanzen, die Sie dazu brauchen, nicht kaufen? Dann vermehren Sie Ihre Pflanzen, bei fast allen Beetbewohnern ist das kein Problem. Die meisten Pflanzen bilden Samen aus und können durch Aussäen der Samen vermehrt werden. Das nennt man generative Vermehrung. Von vielen Gartenblumen können Sie aber auch Stecklinge oder Ausläufer abnehmen und einpflanzen, größere Pflanzen können oft geteilt werden. Diese vegetative Vermehrung hat den Vorteil, dass Sie neue Exemplare bekommen, die identisch sind mit der Mutterpflanze. So bleibt Ihnen die Sorte erhalten, die Sie ursprünglich gepflanzt haben. Natürlich bedeutet es für eine Pflanze Stress, wenn sie verpflanzt, geteilt oder in Stücke geschnitten wird. Aber Pflanzen sind robust. Wenn der neue Standort ihren Bedürfnissen entspricht und sie genug Wasser bekommen, dann wachsen sie willig weiter.

1

1 **Samen:** Pflanzen können Sie vermehren, indem Sie im Herbst Samen abnehmen und luftig, trocken und dunkel aufbewahren. Im Frühjahr säen Sie die Samen in einen Topf mit Aussaaterde (ca. 0,5 cm tief), am besten auf der Fensterbank. Wenn der letzte Frost vorbei ist, setzen Sie die Pflänzchen ins Freie. Von einer besonders leckeren Tomate können Sie das ganze Jahr über Samen sammeln: auf einem Papier trocknen und bis zum Frühjahr aufbewahren (Sortennamen notieren!). Im Frühjahr säen Sie die Samen aus.

2

2 **Stecklinge:** Schneiden Sie Triebe direkt unter einem Blattansatz mit einem scharfen Messer oder einer Schere ab. Zwei bis vier Blattpaare oder Blätter stehen lassen, die unteren zwei Blätter entfernen Sie. Die Triebe in ein Gemisch aus Pflanzerde und Sand (1:1) stecken und feucht halten. Juni bis August ist die beste Zeit, dann sind die unverholzten Triebspitzen nicht mehr ganz weich. Geeignet sind z. B. Buchs, Lavendel, Bartfaden, Katzenminze, Salbei und Ysop.

3 **Sprossausläufer:** Erdbeeren bilden an den Ausläufern neue Pflänzchen aus. Zeigen sich die ersten Wurzeln, können Sie die Pflänzchen abtrennen und einpflanzen. Oder Sie versenken unter dem neuen Pflänzchen einen Topf. Dort bildet es dann einen kräftigen Wurzelballen, während es von der Mutterpflanze noch versorgt wird. Nach einigen Wochen Topf herausnehmen, Ausläufer abtrennen und die Pflanze anderswo einsetzen. Ebenso lässt sich die Katzenminze vermehren: Sie bildet Wurzeln an bodenaufliegenden Trieben.

3

4

4 **Teilen:** Gefällt es den Pflanzen in Ihrem Garten, machen sie sich oft zu sehr breit. Dann werden sie – am besten im Herbst – aus dem Boden genommen, geteilt und die Teilstücke neu gepflanzt. Arbeiten Sie mit der kleinen Schaufel oder mit dem Spaten: Pflanze seitlich auf den Boden legen und senkrecht durchstechen. Drei bis vier Stängelansätze sollten die neuen Teilstücke haben. Manche Pflanzen wie Iris und Phlox sollten alle vier bis sechs Jahre geteilt werden, um gesund und kräftig zu bleiben.

5 **Steckholz:** Schneiden Sie im Herbst von Sträuchern, z. B. Rosen, kräftige einjährige Triebe in 20 cm lange Stücke. Die richtige Schnittstelle liegt unter einem Auge (das ist die Verdickung über einem ehemaligen Blattansatz). Schneiden Sie unten schräg und oben gerade, so vergessen Sie später nicht, wo unten ist. Hölzer im Freiland fast bis zur Spitze in der Erde versenken. Aus den Augen unter der Erde bilden sich Wurzeln, oberirdisch erscheinen neue Triebe.

5

Linn hilft fleißig mit

HIER WACHSEN GOLDENE
UND WEISSE KERZEN IN DEN HIMMEL.
ZU IHREN FÜSSEN VERWEBEN FEINE GRÄSER
DAS BLAU, ROT UND ORANGE DER BLÜTEN
ZU EINEM FARBENMEER.

9

Blütenpracht im Bauerngarten

Farben und Formen im Überfluss

Das braucht man dazu:

PFLANZEN

a) 10 × Büschelhaargras
Stipa tenuissima

b) 2 × Fingerhut
Digitalis purpurea 'Snow Thimble'

c) 2 × Katzenminze
Nepeta × faassenii 'Citriodora'

d) 3 × Königskerze, z. B.
Verbascum-Hybride 'Cotswold Queen'

e) 2 × Nelkenwurz
Geum chiloense 'Feuerball'

f) 10 × Nelkenwurz
Geum coccineum 'Werner Arends'

g) 6 × Storchschnabel
Geranium phaeum 'Album'

h) 3 × Weißer Beifuß
Artemisia ludoviciana 'Silver Queen'

i) 3 × Witwenblume
Knautia macedonica

ZUBEHÖR

Spaten, kleine und große Schaufel, Grabegabel, Sand oder Kies, Komposterde, Schubkarre, Rechen

KURZINFO

Anlage	April – Mai, Aug. – Sept.
Standort	sonnig
Bodentyp	durchlässig, kiesig
Beetgröße	3 × 2 m
Zeitbedarf	4 Std.
Pflegebedarf	3 Std./Monat
Level	✻

Ein Bauerngarten ist vor allem eines: üppig. Blüten und Blätter in Hülle und Fülle. Meist finden sich Nutz- und Zierpflanzen Seite an Seite. Als Begrenzung des Beetes steht eine Hecke oder vielleicht ein rustikaler Holzzaun. Bleiben Sie manchmal bewundernd stehen, wo ein solcher Garten in allen Farben leuchtet? Dann legen Sie sich diesen Schatz in Ihrem Garten an, es ist nicht schwer. Ein freier Platz in der Sonne, ein durchlässiger Boden, ein wenig Zeit, und schon erblüht eine bisher leere Stelle in Ihrem Garten in voller Pracht. Wenn Ihnen die Klassiker des Bauerngartens wie Pfingstrose und Hortensie zu schwer daherkommen, dann probieren Sie es mit dieser Variante: Sie wirkt leicht und verspielt, in einer Abfolge von hoch und nieder, großblättrig und feinhalmig. Gleich im ersten Jahr werden die hohen Blütenkerzen von Fingerhut und Königskerze staunende Aufmerksamkeit wecken. Der Fingerhut allerdings ist giftig, das sollten Sie bedenken, wenn Kinder im Garten spielen. Das sonnige Gelb der Königskerzen und das Weiß der

Fingerhutspeere mischen sich mit den orangefarbenen Blüten der Nelkenwurz. Die Blütenpünktchen des Storchschnabels im Hintergrund verspinnen alles mit dem Grün der Hecke. Selbst im späten Abendlicht leuchten diese hellen Farben noch lange vor ihrem dunklen Hintergrund.

Wirkungsvolles Laub

Mit duftenden, hellen Blättern warten die Katzenminze und der Beifußes auf. Beide sind sehr pflegeleichte Pflanzen. Das feste, silbrig-weiß behaarte Laub des Beifuß ist das ganze Jahr über ein wunderbarer Kontrast zu allem Grün im Garten. Er liebt durchlässigen Boden, wie er ihn in seiner nordamerikanischen Heimat vorfindet. Dort ist er schon seit Jahrhunderten als Heil-, Schutz- und Räucherpflanze bekannt. Den Cheyenne-Indianern ist er heilig, sie verwenden ihn zu zeremoniellen Reinigungen. Probieren Sie es aus: Die silbernen Blätter trocknen und aufs Grillfeuer streuen oder auf einer Schale verbrennen und den Rauch durchs Haus ziehen lassen.

Das zweite silbern-helle Element steuert die Katzenminze bei. Mit ihren großen, blaugrünen Polstern verbindet sie das Beet mit dem Rasen davor. Beim Mähen nimmt sie es nicht übel, wenn sie ein wenig von ihrem Blattwerk verliert. Und der Zitronenduft der Blätter liegt danach noch lange in der Luft.

Das immergrüne Laub der Nelkenwurz bringt Halt und Erdverbundenheit. Mit windspielerischer Leichtigkeit dagegen durchziehen die feinen, hellgrünen Blatthalme von Büschelhaargras im Frühjahr die Pflanzung. Schon im Juni schieben sich dann die hellgrünen, zarten Blüten über die dünnen Blätter. Das Gras färbt sich im Laufe des Sommers in Strohgelb um und bleibt, wenn es Ihnen gefällt, so bis zum Frühjahr stehen.

Und zwischen allen diesen hellen Farben schweben auf zarten Stängeln die kleinen, dunkelroten Blütenpunkte der Witwenblume.

Auch wenn Sie Anfänger sind: Legen Sie als Einstieg in Ihr Gartenleben doch dieses kleine Beet an. Das erfordert nicht viel Zeit, und hier können Sie bald feststellen, wie sehr Ihnen das Gärtnern Freude macht. Wenn es möglich ist, dann planen Sie das Beet an einer Stelle, die Sie vom Wohnzimmer aus in Ihrem Blickfeld haben. So können Sie auch an Regentagen von drinnen die Farbenvielfalt genießen.

Vorsicht, Fingerhut!

INFO

Fingerhut ist eine Heilpflanze, die herzwirksame Glykoside enthält. Sämtliche Pflanzenteile sind stark giftig. Deshalb sollte er in Gärten mit kleinen Kindern nicht gepflanzt werden. Ein guter Ersatz für Fingerhut ist der Echte Eibisch (*Althaea officinalis*), eine alte Heilpflanze.

Ausdauernde Schönheiten

Als zweijährige Pflanzen müssen Sie Fingerhut und Königskerze immer wieder einmal ersetzen. Werden sie aber nach der Blüte fleißig zurückgeschnitten, blühen sie oftmals mehrere Jahre. Alle anderen Pflanzen sind mehrjährig. Jetzt noch für etwas Winterschutz sorgen, und Sie haben lange Freude an diesem Beet.

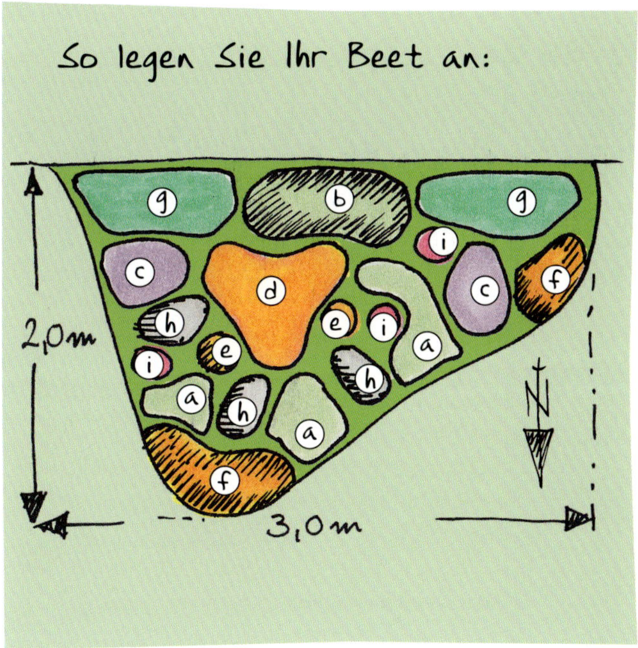

EIN NEUES BEET ENTSTEHT

Suchen Sie sich eine sonnige Stelle, an der das neue Beet entstehen soll. Dann messen Sie mit einem Meterstab die Breite des Beetes aus. Mit etwas Sand oder Sägespänen machen Sie den hinteren Beetrand als Linie sichtbar. Steht das Beet vor einer Hecke, dann halten Sie einen Abstand von ca. 50 cm ein. So haben Sie Platz zum Pflegen, und die Wurzeln der Sträucher behindern das Wachstum der Stauden weniger.
Legen Sie nun fest, wo Ihr Beet am tiefsten sein soll. Diese Stelle markieren Sie mit einem Häufchen Sand oder Sägespäne. Es sieht natürlicher aus, wenn Sie für diesen Punkt nicht genau die Mitte der Längsausrichtung Ihres Beetes wählen, sondern ihn etwas nach links oder rechts versetzen. Verbinden Sie diesen Punkt nun wie im Pflanzplan gezeigt schwungvoll mit den Endpunkten der hinteren Linie. Jetzt sehen Sie deutlich die Form des anzulegenden Beetes. Gefällt Ihnen Ihr Werk noch nicht, verteilen Sie mit einem Rechen die Markierung wieder und beginnen neu. Anstelle des geschwungenen Beetes können Sie auch ein Rechteck anlegen.
Nun stechen Sie mit einem Spaten oder der Grabegabel die Rasensode ab (mit der Grabegabel brauchen Sie etwas weniger Muskelkraft). Stechen Sie die Grabegabel senkrecht etwa 10 cm tief in den Boden und ziehen Sie sie wieder heraus. Dann schieben Sie die Gabel waagrecht so tief es geht unter die Rasensode und heben sie leicht an, sodass die Sode vom Erdreich getrennt wird. Beginnen Sie am Beetrand und arbeiten Sie sich entlang der abgestreuten Linie langsam zum anderen Ende vor. Dann stechen Sie parallel dazu in einem Abstand von etwa 30 cm den gelockerten Bereich ab, sodass ein langes Grassodenband entsteht, das vom Boden gelöst ist.
Jetzt eine Schubkarre bereitstellen. Das Band teilen Sie in kurze Stücke, die gerade so groß und schwer sind, dass Sie sie gut abheben und in die Schubkarre befördern können. In einer Gartenecke aufeinandergeschichtet, werden diese Soden im Laufe eines Jahres zu fruchtbarer Erde, die Ihrem Garten wieder zugutekommen kann.
Nun wird die Fläche umgegraben (→ Abb. 3) und alle Unkräuter, die Ihnen beim Umgraben begegnen, sorgfältig entfernt (→ Seite 134–135). Alles, was Sie jetzt schon entfernen, müssen Sie später nicht mehr jäten. Besonders Wurzelunkräuter wie Giersch können später lästig werden.
Dann mischen Sie Komposterde und Sand oder feinen Kies unter die gelockerte Gartenerde. Die Menge richtet sich nach der Beschaffenheit Ihres Bodens (→ Seite 74–75). In diesem Beet wachsen

1 **Beetrand festlegen:** Messen Sie die Größe des Beetes in etwa nach Plan aus. Dann streuen Sie die Randlinie des Pflanzbereichs mit Sand oder Sägespänen aus.

2 **Rasen abstechen:** Mit einer Grabegabel stechen Sie nun den Rasenrand ab. Schälen Sie die Rasensoden ab, indem Sie die Grabegabel unter die Grasdecke schieben.

Pflanzen mit etwas unterschiedlichen Bodenansprüchen: Alle Stauden bis auf Nelkenwurz und Storchschnabel mögen einen durchlässigen Boden, der auch mal trocken werden darf. Deshalb bei Bedarf auf die Fläche so viel Sand zugeben, bis die Erde locker durch die Finger rieselt. Für Beifuß und Büschelhaargras sollte der Boden mindestens spatentief sehr durchlässig und sandig sein, also wenn nötig hier extra Sand oder Kies zugeben. Auf die Fläche, die von Nelkenwurz und Storchschnabel eingenommen wird, mehr Komposterde einbringen. Dann Pflanzen auslegen und einpflanzen.

INFO

Eine Schwarze in Weiß oder Gelb

Sollten Sie die Königskerze 'Cotswold Queen' nicht bekommen, ist *Verbascum nigrum* eine gute Alternative. Sie heißt zwar Schwarze Königskerze, aber es gibt sie mit weißen oder gelben Blüten. Sie ist meist mehrjährig, verträgt mehr Schatten und einen schwereren Boden.

3 **Umgraben:** Nun die Fläche mit der Grabegabel umgraben. Gabel tief in den Untergrund stechen, Stiel nach unten drücken und hochheben. Dabei sorgfältig alle Unkräuter entfernen.

Markieren Sie mit Sägespänen oder Sand die Ränder des Beetes.

5 **Fläche abrechen:** Nun glätten Sie die Oberfläche des Beetes mit einem Rechen. Wenn Sie mögen, können Sie aber auch eine wellige Oberfläche gestalten – dazu zusätzliches Substrat besorgen und Hügel formen.

4 **Boden verbessern:** Verteilen Sie Komposterde und, um den Boden durchlässiger zu machen, Sand auf der Fläche. Graben Sie alles mit der Grabegabel unter. Arbeiten Sie dabei von hinten nach vorne, um die fertige Fläche nicht mehr durch Tritt zu verdichten.

6 **Pflanzen auslegen:** Nun legen Sie alle Pflanzen nach Plan aus. Stimmen die Abstände? Bedenken Sie, dass die Pflanzen im Laufe der Zeit mehr Platz beanspruchen werden.

7

7 **Wurzeln entwirren:** Sind die Wurzeln der Pflanzen im Topf schon im Kreis gewachsen und sehr kompakt, ziehen Sie sie vorsichtig mit den Händen etwas auseinander.

8

8 **Stauden pflanzen:** Jetzt werden die Pflanzen eingesetzt. Hierbei beachten, dass am Standort der Nelkenwurzstauden zusätzlich Komposterde beigegeben wird. Auch Fingerhut und Storchschnabel sind dafür dankbar.

9

9 **Sand hinzugeben:** Geben Sie an den Pflanzstellen von Büschelhaargras und Beifuß noch extra Sand hinzu. Die Menge richtet sich nach dem Boden in Ihrem Garten. Sehr locker und leicht sollte die Erde hier durch Ihre Finger rinnen. Statt Sand können Sie auch Kies einarbeiten.

ÜPPIGE VIELFALT IM BAUERNGARTEN

1 Büschelhaargras

Stipa tenuissima

BLÜTEZEIT: Juni, **HÖHE:** 30 cm
Das Büschelhaargras ist **nicht immer winterhart**. Es samt sich in freie Flächen aus. Über Winter stehen lassen, im Frühjahr zeitig auf 10 cm zurückschneiden.

2 Fingerhut

Digitalis purpurea 'Snow Thimble'

BLÜTEZEIT: Juni – Juli, **HÖHE:** 80–100 cm
Fingerhut ist zweijährig, im ersten Jahr bildet er Blattrosetten, im zweiten Blüten. Danach stirbt er meist ab, samt sich aber aus. Die ganze Pflanze ist sehr **giftig**!

3 Katzenminze

Nepeta × faassenii 'Citriodora'

BLÜTEZEIT: Mai – September, **HÖHE:** 30–60 cm
Mit **zitronenduftenden Blättern** überzieht diese Pflanze den Boden. Sie kann im Frühjahr geteilt werden und bleibt auch mit wenig Rückschnitt kompakt. Blüht lange. Nassen Schnee im Winter entfernen.

4 Königskerze

Verbascum-Hybride 'Cotswold Queen'

BLÜTEZEIT: Juni – Sept., **HÖHE** 100–120 cm
Die Königskerze mag einen durchlässigen, warmen Boden. Im ersten Jahr erscheinen die **Blattrosetten**, im zweiten blüht sie. Nach der Blüte zurückgeschnitten, lebt sie länger. *Verbascum nigrum* ist eine gute Alternative.

Sonne · Halbschatten · Ein-/Zweijährige · essbar · Duft · Schnittblume

5 Nelkenwurz

Geum chiloense ‘Feuerball’

BLÜTEZEIT: Juni – August, HÖHE: 50 cm
Eine **hohe Nelkenwurz**, die bei Trockenheit gegossen werden will. Teilen Sie diese Staude im Frühjahr, wenn der Wurzelstock groß geworden ist, und entfernen Sie Verblühtes.

6 Nelkenwurz

Geum coccineum ‘Werner Arends’

BLÜTEZEIT: Juni – September, HÖHE: 30 cm
Die Nelkenwurz hat einen **kriechenden Wurzelstock**, der bei älteren Pflanzen gut geteilt werden kann. Sie mag einen eher feuchteren Boden, gießen Sie deshalb bei Trockenheit. Verblühtes immer zurückschneiden.

7 Storchschnabel

Geranium phaeum ‘Album’

BLÜTEZEIT: Juni – Juli, HÖHE: 30–70 cm
Die Stängel dieser **weißen Form** wachsen mit der Zeit immer höher. Dann Pflanze ausgraben und tiefer einsetzen.

8 Weißer Beifuß

Artemisia ludoviciana ‘Silver Queen’

BLÜTEZEIT: Juli – August, HÖHE: 80 cm
Dieser Beifuß mag es trocken und durchlässig. Dekorativ in frischen und trockenen Sträußen. Altes indianisches **Räucherkraut**. Nach der Blüte und im Herbst zurückschneiden.

9 Witwenblume

Knautia macedonica

BLÜTEZEIT: Juli – September, HÖHE: 60–100 cm
Die Witwenblume mag einen trockenen Boden. Sie samt sich gerne aus und ist eine pflegeleichte, Lücken füllende **Wildstaude**.

Insektenmagnet giftig

DER BLÜTENRAUSCH BRAUCHT PFLEGE

Zweijährige und nicht zuverlässig winterharte Gräser machen dieses Beet etwas pflegeaufwendiger. Aber es lohnt sich, denn die sommerliche Blütenpracht ist einfach wunderbar!

FRÜHLING

Im Frühjahr schneiden Sie rechtzeitig, bevor die neuen Halme treiben, die **Büschelhaargräser** auf Handbreite zurück. Vermutlich haben sich überall in der Pflanzung die zarten Gräser auf freien Flächen breitgemacht. Nehmen Sie sie an unerwünschten Stellen heraus und pflanzen Sie die feinen Büschel wieder ein, wo sie noch Gräser haben wollen.
Bei Bedarf **Fingerhut** und **Königskerze** durch Jungpflanzen ersetzen. Unerwünschte Rosetten der Königskerze jäten. Nur ganz kleine Exemplare können Sie versetzen, die größeren haben lange Pfahlwurzeln und wachsen nicht mehr an.
Braune Blätter der **Nelkenwurz** entfernen. Die Stängel von **Storchschnabel** wachsen nach und nach immer höher über dem Boden. Dann die ganze Pflanze ausgraben und tiefer setzen.
Wenn Sie im Herbst nicht mehr dazu gekommen sind, versorgen Sie spätestens jetzt alle Stauden mit einer dünnen Schicht Kompost. Den **Beifuß** sparen Sie dabei aus.

SOMMER

Verblühtes immer gleich zurückschneiden. Das ist besonders wichtig bei **Fingerhut** und **Königskerzen**. So verbrauchen sie ihre Kraft nicht zur Ausbildung von Samen und leben vielleicht mehrere Jahre. Damit sie sich selbst aussamen können, jeweils nur einen Stiel stehen lassen. Beifußblätter bei Bedarf ernten.
Ist die **Katzenminze** sehr breit und unordentlich geworden, auf eine Handbreit zurückschneiden, sie treibt dann wieder aus. Die Gräser lassen Sie unangetastet. Unkraut jäten und bei Trockenheit **Nelkenwurz** und **Storchschnabel** gießen.

1 **Gräser versetzen:** Nehmen Sie alle Sämlinge des Büschelhaargrases an unerwünschten Stellen vorsichtig heraus und pflanzen Sie sie dann an lückigen Stellen dicht beieinander wieder ein.

HERBST

Fläche dünn mit Komposterde überstreuen (nicht über den Beifuß). Prüfen Sie, ob **Beifuß**, **Katzenminze** und die **Gräser** trocken stehen. Bei Bedarf Sand zufügen oder Kiesel unterlegen. In kalten Gegenden den Beifuß zur Hälfte abschneiden und die Basis mit Zweigen und Laub vor Frost schützen. **Nelkenwurz**, **Katzenminze** und **Witwenblume** können jetzt oder im Frühjahr geteilt werden, wenn sie zu groß geworden sind.

WINTER

Liegt nasser Schnee zu lange auf **Beifuß**, **Gräsern** oder **Katzenminze**, faulen die Blätter leicht. Deshalb rechtzeitig entfernen. Trockener, luftiger Schnee hingegen schützt die Pflanzen vor Wintersonne, Kälte und Wind.

2 **Gräser zurückschneiden:** Vor dem Blattaustrieb im Frühjahr schneiden Sie die Blattschöpfe der Gräser dicht über dem Boden ab. So werden die neuen, grünen Halme nicht von den alten verdeckt und treiben wieder frisch aus.

3 **Katzenminze ernten:** Ernten Sie die Katzenminze und bündeln Sie die Triebe zu einem Strauß. Zum Trocknen an einem warmen Ort aufhängen. Als Trockensträußchen oder im Duftsäckchen parfümiert sie Luft und Wäsche.

4 **Nelkenwurz gießen:** Prüfen Sie bei längeren Trockenperioden den Boden im Bereich der Nelkenwurz öfter und gießen Sie bei Bedarf. Wie der Storchschnabel brauchen diese Beetbewohner mehr Wasser als ihre Nachbarn.

5 **Unkraut jäten:** Entfernen Sie Unkraut, solange es noch nicht überhandgenommen hat. Graben Sie mit einer kleinen Schaufel sorgfältig die gesamte Wurzel aus. Wenn Teilstücke im Boden bleiben, treiben die Kräuter neu aus.

BLÜTENPFLANZEN IM HÖHENRAUSCH

Das braucht man dazu:

PFLANZEN

a) 3 × Echter Alant
Inula helenium

b) 1 × Feigenblättrige Stockrose
Alcea ficifolia

c) 2 × Prächtige Königskerze
Verbascum speciosum

d) 6 × Weicher Frauenmantel
Alchemilla mollis

ZUBEHÖR

Spaten, Schaufel klein und groß, Grabegabel, bei Bedarf Sand oder Kies, Komposterde, Schubkarre, Rechen

Auch dieses Bauerngartenbeet wartet mit üppigen Blüten und Blättern auf. Es macht sich gut neben einer Gartenbank, vor einem Zaun oder als Teil einer größeren Pflanzung. Die Beetbewohner erscheinen im Frühling schon mit ihrem prächtigen Blattwerk. Im Sommer entwickeln sie sich raumgreifend und wetteifern im Höhenwachstum miteinander.

Der Alant wartet mit feinen Strahlenblüten auf, die Königskerze mit einer gelben Blütenpracht und die Stockrose mit Feigenblättern und Schalenblüten. Besuchen Sie am Morgen den Frauenmantel zu Füßen dieser Großen: Am gezackten Blattrand glitzern Tautropfen.

Voraussetzung für diese Variante ist ein sonniger Ort mit durchlässigem Boden, den Sie, wenn nötig, mit Kies und Sand verbessern.

KURZINFO

Anlage	April – Mai, Aug. – Okt.
Standort	sonnig
Bodentyp	durchlässig
Beetgröße	3 × 1, 5 m
Zeitbedarf	2 Std.
Pflegebedarf	1 Std./Monat
Level	✻

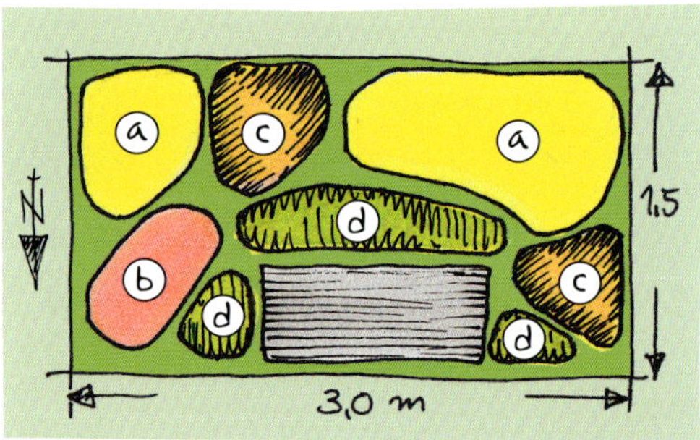

1

2

1 Echter Alant
Inula helenium

BLÜTEZEIT: Juli – August, HÖHE: 180–200 cm
Diese Staude braucht viel Platz. Im Herbst kann sie geteilt werden. **Alte Heilpflanze.** Die Wurzel duftet nach Veilchen: getrocknet ein sinnliches Räucherwerk!

2 Feigenblättrige Stockrose
Alcea ficifolia

BLÜTEZEIT: Juli – September, HÖHE: 150–200 cm
Verblühtes immer zurückschneiden, sonst ist die Stockrose nur zweijährig. Meist überdauert sie aber viele Jahre, wenn sie gut ernährt ist und in durchlässigem Boden wächst. Der **Wurzelstock ist heilkräftig**.

3

4

3 Prächtige Königskerze
Verbascum speciosum

BLÜTEZEIT: Juli – August, HÖHE: 200–300 cm
Das ist die **prächtigste** unter den Königskerzen! An einen sonnigen Platz in durchlässigen Boden gepflanzt, erscheint im ersten Jahr die Blattrosette, im zweiten die Blüte. Sie können auch ältere Exemplare kaufen, die noch im gleichen Jahr blühen.

4 Weicher Frauenmantel
Alchemilla mollis

BLÜTEZEIT: Juni – August, HÖHE: 30–40 cm
Eine sehr zierende, **unempfindliche** und trockenheitsresistente Pflanze. Die Blüten sind schön in Sträußen. Verblühtes immer entfernen. Im Frühjahr bei Bedarf teilen.

Sonne · Halbschatten · Schatten · Ein-/Zweijährige · Schnittblume

VOM KRAUT ZUM UNKRAUT

Unkräuter, die sich durch Aussaat oder über Wurzelstückchen ins Beet geschlichen haben, nehmen Ihren Stauden Platz und Nährstoffe weg und müssen deshalb entfernt werden. Manche Pflanzen wie der Giersch werden wegen ihrer vitalen Wurzeln sehr lästig – aus jedem noch so kleinen Segment wachsen neue Pflanzen heran, oft auch noch aus über 50 cm Tiefe. Und auch der Löwenzahn mit seiner Pfahlwurzel treibt neu aus seiner Wurzelspitze.

Solche Unkräuter müssen besonders sorgfältig entfernt werden. Dabei ist es sinnvoll, das Unkraut schon zu jäten, solange es noch klein ist, denn dann sind auch die Wurzeln noch nicht so lang. Bedenken Sie aber dabei: Die Vorsilbe „Un" wurde diesen Pflanzen verliehen, weil sie in unseren Beeten unerwünscht sind. Dass man Sie als Kräuter bezeichnet, lässt auch auf andere Eigenschaften schließen. Oft sind es Heilkräuter, andere dienten früher als Gemüsebeilage.

1 **Gänsefingerkraut:** *Potentilla anserina* mit den gelben Blütenkelchen und den gefiederten, unterseits weißfilzigen Blättern vermehrt sich zügig über Ausläufer, ähnlich wie die Erdbeere. Wo dieses Fingerkraut wächst, ist der Boden nährstoffreich und eher feucht. In der Vase ist es ein hübscher Anblick, und man ist versucht, es stehen zu lassen. Aber es wächst zügig, zwängt sich zwischen die Wurzeln anderer Stauden und ist dann kaum mehr loszuwerden. Also rechtzeitig ausgraben und auf den Kompost geben.

2 **Giersch:** *Aegopodium podagraria* ist ein hartnäckiges Kraut, dem man, wächst es einmal im Garten, kaum mehr Herr wird. Verfolgen Sie die brüchigen Wurzeln bis in die Tiefe und nehmen Sie jedes noch so kleine Teilstück aus dem Boden, sonst wächst es wieder nach. In unbeachteten Ecken stehen lassen, denn seine jungen, duftenden Blätter können wie Spinat verwendet werden. Sie sind blutreinigend, entgiftend und helfen gegen Gicht und Rheuma.

3 **Weißklee:** *Trifolium repens* mit seinen hübschen, essbaren Blüten (Bienennahrung!) verbreitet sich über Samen in die Beete. Er bildet dichte Geflechte und verdrängt damit besonders niedere Stauden wie Thymian. Graben Sie ihn rechtzeitig aus, noch bevor sich seine Wurzeln mit denen des Thymians verflochten haben. Haben Sie ihn übersehen, beide Pflanzen aus dem Boden nehmen und die Kleewurzeln vorsichtig aus der Staude herausziehen. Nur so können Sie sicher sein, dass keine Triebstücke in der Pflanze bleiben und neu wieder austreiben.

3

4

4 **Brennnessel:** Das kriechende Wurzelgeflecht der *Urtica dioica* breitet sich schnell aus. Die Brennnessel ist ein Zeiger für stickstoffhaltigen Boden. Da sie leicht aus dem Beet zu entfernen ist, lohnt es sich, sie an anderer Stelle wieder einzupflanzen: Sie wirkt unterstützend bei Rheuma und entzündlichen Harnwegserkrankungen. Ihre Blätter werden als Tee und Gemüse zubereitet. Die Samen schmecken nussig – einfach kauen oder als Vitamin-E-Quelle in Öl einlegen! Beim Ernten Handschuhe tragen.

5 **Winde:** *Calystegia sepium* schmückt sich unschuldig mit herzförmigen Blättern und weißen Blüten. Aber im Laufe des Sommers überspinnt sie ganze Beete und windet sich um alle Stängel – und das mit unglaublicher Geschwindigkeit. Da Sie aber in Ihrem Beet bunte Stauden sehen wollen, sollten Sie unbedingt vor dem Pflanzen spatentief oder tiefer jedes noch so kleine Wurzelteilchen entfernen, denn sonst werden Sie diese Pflanze nicht mehr los.

5

Ganz schön lang, die Weidenruten

EIN ZAUN AUS WEIDENSTECKLINGEN SORGT MIT SEINEN GRÜNEN BLÄTTERN FÜR UNGESTÖRTEN GARTENGENUSS. ZU SEINEN FÜSSEN BLÜHEN BUNTE BLUMEN.

Weidenzaun als Sichtschutz

Bunte Pracht vor grüner Grenze

Das braucht man dazu:

PFLANZEN

a) 8 × Gladiolen, violett und rosé
Gladiolus communis

b) Korbweide
Salix viminalis
16 × 1,5–2 cm Ø, 3 × 2–3 cm Ø, alle Ruten ca. 4 m lang

c) 3 × Schmuckkörbchen, z. B.
Cosmos sulphureus 'Sunset'

d) 2 × Sonnenauge
Heliopsis helianthoides var. *scabra* 'Venus'

e) 3 × Süße Limonenminze
Mentha spec. 'Hillary's Sweet Lemon'

f) 1 × Waldrebe in Sorten, z. B.
Clematis 'Comtesse de Bouchaud'

g) 1 × Wasserdost
Eupatorium rugosum 'Chocolate'

ZUBEHÖR

Schaufel, Handschaufel, Spaten, Pickel, Eisenstange, Komposterde, bei Bedarf Kies oder Sand, Findling, Kokosstrick, Wasserschlauch

KURZINFO

Anlage	März, November
Standort	sonnig, halbschattig
Bodentyp	lehmig-humos, teils sandig
Beetgröße	1,5 × 1 m
Zeitbedarf	3–4 Std.
Pflegebedarf	4 Std./Monat
Level	✻✻

Ungestört die Ruhe im eigenen Garten genießen, wer will das nicht. Hier sorgt ein Sichtschutz für die gewünschte Privatsphäre. Wenn Sie dabei nicht auf Materialien wie Holz, Metall oder Drahtgeflecht zurückgreifen möchten, dann ist ein Weidenzaun genau das Richtige für Sie. Stecken Sie einfach lebende Weidenruten in die Erde und verflechten Sie sie gitterförmig miteinander – schon ist eine schmale Abgrenzung angelegt. Das ist besonders bei kleinen Gärten praktischer als eine Hecke, die viel Platz einnimmt.

Sie müssen kein Gartenspezialist sein, um solch einen grünen Zaun anzulegen. Die Weide ist eine robuste Pflanze und verzeiht Ihnen fast alles. Die langen Ruten wirken zwar zunächst so, als könne sich daraus nie eine lebende Pflanze mit Wurzeln und Blättern entwickeln. Aber wenn Sie sie tief in die Erde stecken und ausgiebig gießen, wurzeln sie bald und wachsen in wenigen Wochen oft ein bis zwei Meter in die Höhe. So wird Ihr Garten schon im ersten Sommer nach der Pflanzung neugierigen Blicken entzogen.

Vielleicht wollen Sie mit Ihrem Nachbarn auch gemeinsame Sache machen: Dann lassen Sie den Weidenzaun nicht in einer geraden Linie verlaufen, sondern in Wellen über die Grundstücksgrenzen hinweg – mal nach rechts, mal nach links. Natürlich kann diese grüne Grenze auch länger sein als die angegebenen 1,5 m.

Blüten in Hülle und Fülle

Vor dem Zaun wartet ein buntes Beet mit Blüten in den Farben Gelb, Orange, Violett und Pink auf. Schon im ersten Jahr ist das ein prächtiger Anblick, und nach drei Jahren sind die Stauden so groß geworden, dass sie ein üppiges, naturhaftes Gartenbild ergeben.

In das Gittergeflecht der Weide klettert die pinkfarbene Waldrebe und bringt ab Juni mit ihren großen Sternblüten Farbe in luftige Höhen. Wenn Sie die empfohlene Sorte nicht bekommen können oder einen längeren Weidenzaun mit verschiedenen Farbtupfern versehen wollen, dann haben Sie die Wahl zwischen Hunderten von Sorten, auch solchen mit kleinen Blüten oder anderen Blütezeiten.

Einen schönen Kontrast zum Grün der schmalen Weidenblätter bietet ganzjährig das purpurne Laub des Wasserdosts. Das orangefarbene Leuchten des Schmuckkörbchens bietet von Juli bis Oktober ein flammendes Pendant dazu. Die Schmuckkörbchen sind die einzigen Einjährigen in diesem Beet. Sie müssen jedes Jahr neu gepflanzt werden.

Ebenfalls im Juli beginnt das Sonnenauge zu blühen. Sein intensives Goldgelb strahlt vor dem dunklen Hintergrund und sorgt auch bei Regen für eine fröhliche Stimmung.

Zwischen dem hohen Blattwerk von Sonnenauge und Dost blühen im Juli roséfarbene und violette Gladiolen, auch Schwertblumen genannt. Sie sind nicht ganz standfest. An windexponierten Gartenecken binden Sie sie, genau wie das Sonnenauge, einfach an die Triebe der Weidenruten an. Gladiolen sind nicht winterhart, sie verbringen die kalte Jahreszeit besser im Keller. Wer eine Alternative sucht, die in der Erde bleiben kann, pflanzt z. B. Schmetterlingsgladiolen. Sie sind niedriger, die Blüten kleiner und naturhafter. Es gibt sie in fast allen Schmetterlingsfarben.

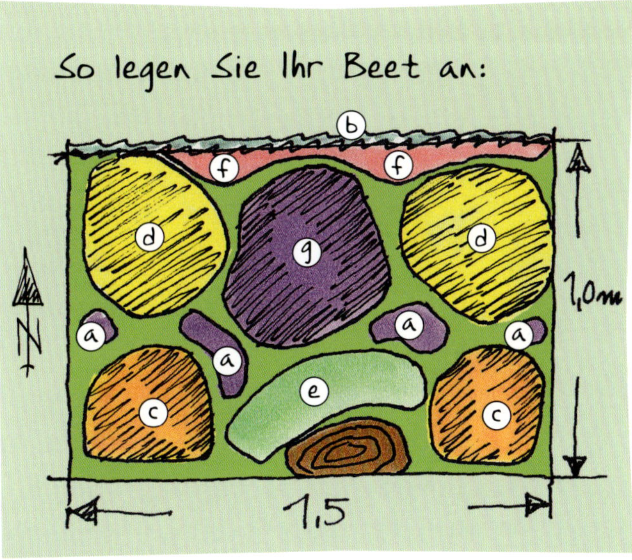

Minzaroma nicht nur im Garten

Vielleicht finden Sie bei Ihrem nächsten Spaziergang im Wald oder am Flussufer einen dekorativen Stein, den Sie in das Beet integrieren möchten. Im Sommer wird er bald vom grausilbrigen Laub der Minze überwuchert. Erst im Winter gibt sie ihn wieder den Blicken frei.

Die Süße Limonenminze ist ein Vertreter der vielseitigen Minze, deren Blätter nach minziger Limone schmecken. Auch sie liebt es feucht. Testen Sie ihre Verwendbarkeit das ganze Jahr über: in Drinks, auf Süßspeisen, im Lammeintopf, als erfrischende Joghurtzugabe, im Duftkissen, pur als Tee ... Und wenn Sie Gefallen am minzigen Duft gefunden haben, wagen Sie sich vielleicht noch an die eine oder andere neue Sorte heran. Geeignet als Bodendecker zwischen den Weidenstangen sind sie alle.

Als pflegeleichte Alternativen gedeihen hier auch Waldmeister und Walderdbeere – beides Gäste, die alle freien Flächen im Garten in Kürze bedecken. Einige der empfohlenen Pflanzen sind nicht in jedem Gartencenter erhältlich. Sie bekommen sie im Fachhandel oder im Internet. Adressen finden Sie auf Seite 156.

EINEN WEIDENZAUN RICHTIG ANLEGEN

Wenn Sie nicht nur ein kleines Zaunstück in Beetbreite, sondern ein längeres Gittergeflecht erstellen wollen, rechnen Sie sich als Erstes die erforderliche Menge an Weidenruten hoch. Sie bekommen die Ruten im Fachhandel oder bei Naturschutzorganisationen, die gerade einen Kopfweiden-Pflegegang hinter sich haben. Halten Sie die Ruten vor der Verwendung gut feucht!
Um den Zaun anzulegen, gehen Sie vor, wie in der Bildfolge beschrieben. Sind alle Stangen gesteckt und miteinander verflochten, wird oben eine Stange zur Stabilisierung eingelegt und mit einem langen Kokosstrick mit dem Flechtwerk verbunden. Dabei jede v-förmige Kreuzung umwickeln (→ Abb. 9). Vorher schneiden Sie die Weiden in der gewünschten Höhe zu. Wenn Sie mögen, experimentieren Sie und schneiden die Kante nicht gerade, sondern in Wellenform.

Wenn Sie mit dem Zaun fertig sind, kommt das Beet an die Reihe. Graben Sie die Fläche mindestens spatentief um. Dann bereiten Sie den Boden vor: Sonnenauge und Cosmea brauchen es durchlässiger. Dort, wo sie laut Pflanzplan wachsen sollen, sollte der Boden leicht sandig sein. Bei Bedarf fügen Sie also etwas Sand hinzu. Für Waldrebe, Minze und Wasserdost geben Sie mehr Kompost in den Boden.
Wenn Sie möchten, können Sie nun Ihren Findling platzieren. Auch ein dunkler Ast macht sich gut neben dem leuchtenden Orange des Schmuckkörbchens. Dann pflanzen Sie die Stauden. Als Erstes setzen Sie die Waldrebe ein, wie in Abb. 10 beschrieben. Dann kommen die übrigen Stauden ins Beet. Im Frühjahr nach dem letzten Frost folgen die Gladiolen und im Mai dann die Schmuckkörbchen.

1 **Feucht halten:** Die Weiden während des Transports gut abdecken. Dann am besten in einer Wassertonne abgedeckt aufbewahren. Sie dürfen nicht austrocknen! Schneiden Sie vor dem Stecken die dicke Seite nach.

2 **Graben vorbereiten:** Heben Sie im Bereich des Weidenzauns einen 2 Spaten tiefen und 1 Spaten breiten Graben aus. Lockern Sie mit der Grabegabel auch die Grabensohle gut auf.

3 **Boden vorbereiten:** Mischen Sie Komposterde mit einem Teil der Gartenerde gut durch (1 Teil Komposterde plus 2 Teile Gartenerde). Füllen Sie die Erde dann mit der Schaufel in den Graben. Das Substrat soll locker sein, damit Sie gut Löcher für die Ruten bohren können.

Die Weidenstecklinge vor der Verwendung kühl und feucht aufbewahren.

4 **Löcher vorbohren:** An den Enden des Zauns (bei längeren Zäunen alle 2 m) mit der Eisenstange Löcher vorbohren und die dicken Weidenruten etwa 60 cm tief in das weiche Substrat stecken. Wenn Sie die Erde vorher etwas wässern, wird sie dichter, und die Stangen halten besser.

5 **Ruten stecken:** Zwischen diesen Pfosten bohren Sie im Abstand von etwa 20 cm mit der Eisenstange Löcher vor, zuerst mit einer Neigung von 60–70 Grad nach rechts, etwa 60 cm tief. Dann die dünneren Ruten in die Löcher stecken.

6 **Gitter vorbereiten:** Etwa an derselben Stelle wie vorher mit der Eisenstange Löcher in die andere Richtung bohren, mit derselben Neigung und ebenfalls 60 cm tief. Dann die restlichen dünnen Weiden hineinstecken.

7 **Flechten:** Nun werden die dünnen Weidenruten miteinander verflochten, sodass sie abwechselnd vor- und hintereinander verlaufen. Die Ruten sind sehr biegsam und können dabei ruhig weit umgebogen werden.

8

8 **Kürzen:** Jetzt die Stangen oben kürzen. Wenn Sie eine gerade Linie als Abschluss haben möchten, spannen Sie eine Schnur von Pfosten zu Pfosten, an der Sie entlangschneiden. Der Abschluss kann aber auch wellenförmig verlaufen.

9

9 **Stange einlegen:** Legen Sie die dritte dicke Weidenstange horizontal in die v-förmigen Überkreuzungen am oberen Zaunrand. Mit Kokosstrick an den senkrechten Pfosten befestigen und alle Überkreuzungen umwickeln.

10

10 **Waldrebe einsetzen:** Die Pflanze schräg in Richtung Zaun 10 cm tiefer als vorher im Topf einsetzen. Erde mit Kompost anreichern und einfüllen. Die langen Triebe bis zur ersten Knospe über dem Boden zurückschneiden.

11

11 **Wässern:** Sind alle Stauden eingepflanzt? Dann das Substrat um den Weidenzaun gut festtreten und davor und dahinter eine Gießrinne bilden. Jetzt mit dem Gartenschlauch oder der Gießkanne so lange wässern, bis Wasser in dem kleinen Graben stehen bleibt.

DIE WEIDE UND IHRE BUNTEN ZAUNGÄSTE

1 Gladiole

Gladiolus communis

BLÜTEZEIT: Juli – September, **HÖHE:** 80–90 cm
Diese Gladiolen sind **nicht winterhart**. Man nimmt sie deshalb im Herbst aus dem Boden und überwintert sie trocken. Nach dem letzten Frost werden sie ins Freie gepflanzt. Alternativ können Sie auch winterharte Zwerg- oder Schmetterlingsgladiolen verwenden. Die Blütenstängel sind nicht immer standfest. Bringen Sie daher bei Bedarf eine Stütze an oder binden Sie die Stängel am Zaun fest.

1

2

2 Korbweide

Salix viminalis

BLÜTEZEIT: März – April, **HÖHE:** 2–10 cm
Die Korbweide ist sehr schnittverträglich. Weiden gedeihen fast überall, die Stecklinge wachsen aber schneller an, wenn Sie den fruchtbaren Boden **gut feucht halten**. Neue Triebe im Frühsommer schneiden oder einflechten. Die Blüte ist eine gute Bienenweide.

3 Schmuckkörbchen

Cosmos sulphureus 'Sunset'

BLÜTEZEIT: Juli – Oktober, **HÖHE** 70 cm
Dieses wenig bekannte Schmuckkörbchen ist ein Hingucker mit seinen **auffallenden Schalenblüten**. Setzen Sie es in gut mit Kompost versorgte Erde oder düngen Sie regelmäßig mit flüssigem Blumendünger. Schneiden Sie Verblühtes laufend aus, so blüht es den ganzen Sommer lang. Wenn Sie wollen, können Sie einen Samenstand stehen lassen und im Herbst den reifen, braunen Samen abnehmen. Dann ziehen Sie es ab März auf der Fensterbank vor.

3

Sonne · Halbschatten · Schatten · Ein-/Zweijährige · essbar

4

4 Sonnenauge

Heliopsis helianthoides var. *scabra* 'Venus'

BLÜTEZEIT: Juli – September, **HÖHE:** 120 cm
Das Sonnenauge ist eine robuste Pflanze und **wenig schneckenempfindlich**, aber frei stehend braucht es eine Stütze. Verblühtes abschneiden, dann blüht es länger.

5

5 Süße Limonenminze

Mentha spec. 'Hillary's Sweet Lemon'

BLÜTEZEIT: Juli – August, **HÖHE:** 30–60 cm
Bekommt die Limonenminze jedes Jahr etwas Komposterde, bildet sie dichtes Blattwerk. Bei Trockenheit gießen. Sie vermehrt sich über Ausläufer und kann gut geteilt werden. Lecker in vielen Speisen und **als Tee**.

6

6 Waldrebe

Clematis 'Comtesse de Bouchaud'

BLÜTEZEIT: Juni – Oktober, **HÖHE:** 250–350 cm
Diese sehr **großblütige Clematis** mit mehr als 10 cm Blütendurchmesser braucht einen Schnitt im März auf 30–50 cm. Hat sie einen schattigen Fuß und steht sie nicht zu trocken, klettert sie nach dem Schnitt jedes Jahr mehrere Meter in die Höhe. Sie ist nicht frostempfindlich und erfreut Sie daher jahrelang.

7

7 Wasserdost

Eupatorium rugosum 'Chocolate'

BLÜTEZEIT: Juli – September, **HÖHE:** 70–100 cm
Feuchten bis normalen Gartenboden verträgt diese purpurne Sorte des Wasserdosts. Je sonniger sie steht, desto kräftiger und dunkler wird das Laub. Steht sie feuchter, wird sie wesentlich höher als in trockenerem Boden. Der Wurzelstock vergrößert sich jedes Jahr ein wenig und kann gut geteilt werden. Die weiße Blüte und ihr **dekoratives Blatt** sind ein guter Vasenschmuck.

Duft Winterschutz Schnittblume Insektenmagnet giftig

SO HALTEN SIE ZAUN UND BEET FIT

Staudenbeet und Flechtzaun erfordern das ganze Jahr über ein wenig Pflege. Der Weidenzaun dankt es Ihnen mit einem grünen Sichtschutz, der von Jahr zu Jahr dichter wird. Das Blumenbeet erfreut mit buntem Blühen, und schon ab den ersten, warmen Frühlingstagen zeigt sich farbenfrohes Laub.

FRÜHLING

Im März schneiden Sie die **Waldrebe** auf 50 cm Höhe zurück und ziehen die langen, alten Triebe aus der Hecke heraus. Nicht zu lange warten, sonst hat sie oben schon neu ausgetrieben. Ende Mai pflanzen Sie dann das **Schmuckkörbchen** aus – vergewissern Sie sich, dass die Erde an der vorgesehenen Stelle locker und humos ist. Ist sie das nicht, geben Sie neuen Kompost hinzu.
Nach dem letzten Frost die **Gladiolen** einsetzen: 3-mal so tief, wie die Knolle groß ist, sonst kippen die langen Blütenstiele leicht. Pflanzen Sie nicht alle Knollen zur selben Zeit, sondern nacheinander mit zwei Wochen Abstand. So verlängern Sie die Blühdauer im Beet – haben allerdings nicht volle Pracht gleichzeitig.
Als Alternative können Sie auch die niedrigere, kleinblütigere Schmetterlingsgladiole setzen (*Gladiolus primulinus*, viele Farben). Sie ist mit einer guten Laubabdeckung winterhart.

SOMMER

Werden die Blütenstängel von **Sonnenauge** und **Gladiolen** zu lang, bringen Sie eine Stütze an oder befestigen Sie sie mit Schnur an den Weidentrieben. **Wasserdost**, **Minze** und die **Weiden** mögen einen eher feuchten Boden. Deshalb bei Trockenheit durchdringend gießen. Prüfen Sie vorsichtshalber die Feuchtigkeit der Erde in mindestens 10 cm Tiefe, denn die Pflanzen sollen ihre Wurzeln nicht oben ausbreiten, sondern nach

1 **Gladiolen überwintern:** Färbt sich das Laub gelblich, Knollen ausgraben und an der Luft trocknen. Dann mit einer Schnur bündeln und im Keller nicht zu trocken aufhängen.

unten schieben. Deshalb lieber einmal viel als mehrmals wenig gießen! Und nicht vergessen: einen Blumenstrauß aus den Beetpartnern ins Haus holen!
Die **Minze** können Sie jetzt laufend ernten. Wenn Sie die Schnittlinge lange genug im Wasserglas lassen und nur die großen Blätter verbrauchen, bilden sich in den Blattachseln neue Triebe und Wurzeln. Diese Pflänzchen können Sie einfach wieder in den Garten pflanzen.
Schneiden Sie das Verblühte von **Schmuckkörbchen** immer wieder heraus, das kommt der Bildung neuer Blüten zugute. Ab dem Spätsommer können Sie einige Samenstände stehen lassen, um die Samen im Herbst, ausgereift und trocken, zu ernten. Ab März auf der Fensterbank gesät,

2 **Weiden zurückschneiden:** Spätestens im Juni schneiden Sie die ausgetriebenen Ruten ab. Verwenden Sie dazu eine gute Baumschere oder eine gut geschärfte elektrische Heckenschere.

wächst der Same schnell zu einer neuen Pflanze heran. Sind die Weidentriebe über 1 m hoch, werden Sie wie in Abb. 2 gezeigt oben abgeschnitten. Seitliche Ruten können Sie einflechten.

HERBST

Graben Sie jetzt die Knollen der **Gladiolen** aus, um sie zu überwintern (→ Abb. 1). Nach dem ersten Frost das **Schmuckkörbchen** herausnehmen und auf den Kompost geben. Unansehnlich gewordene Pflanzenteile der übrigen Pflanzen schneiden Sie dicht über dem Boden ab und streuen ein wenig Laub oder Komposterde darüber. Nehmen **Sonnenauge, Wasserdost** oder die **Minze** schon überhand oder bedrängen sich gegenseitig? Graben Sie einen Teil aus – das geht gut bei der Minze. Oder nehmen Sie die ganze Pflanze aus dem Boden und teilen Sie den Wurzelstock mit dem Spaten oder den Händen in zwei oder mehr Stücke, je nach Größe. Nicht zimperlich sein, die Stauden halten das schon aus! Nutzen Sie die Gelegenheit und verbessern Sie den Boden wie am Beginn der Beetgestaltung mit Komposterde. Setzen Sie einen Teil der Pflanzen an Ort und Stelle wieder ein. Mit dem Rest vergrößern Sie Ihr Beet, verschönern eine andere Stelle des Gartens oder verschenken Sie sie an Interessenten. Wollen Sie auch im Winter Minze ernten, pflanzen Sie ein Teilstück in einen Topf und stellen ihn ans helle Fenster.

WINTER

Schmücken Sie die Flechtwand zur Weihnachtszeit mit eingeflochtenen Tannenzweigen, Meisenknödeln oder anderer winterlicher Dekoration.

Was tun, wenn ...

... Sie sich im Frühjahr nach Farbe sehnen?
Pflanzen Sie im Herbst Blumenzwiebeln: Zwischen die Hecke passen hohe Narzissen in Weiß oder Gelb und ins Beet rosafarbene Maitulpen als Kontrast zum Purpur des Wasserdosts.

3 **Ruten einflechten:** Die seitlich aus der Hecke herauswachsenden Weidenruten können Sie abschneiden. Oder Sie flechten einen Teil der Ruten in den ersten Jahren in die freien Stellen der Hecke hinein. So wird Ihr grüner Zaun schön dicht und schützt Sie umso besser vor neugierigen Blicken.

WEISSES BLÜTENMEER ALS SICHTSCHUTZ

Das braucht man dazu:

PFLANZEN

a) 2 × Mittelhohe Bartiris *Iris* Germanica-Gruppe
b) 3 × Pfennigkraut *Lysimachia nummularia* 'Aurea'
c) 5 × Purpurglöckchen 'Schneewittchen'
d) 8 × Schnittknoblauch
e) 3 × Silberkönigskerze 'Polarsommer'
f) 1 × Waldrebe *Clematis* 'Hagley Hybrid'
g) 3 × Wohlriechendes Veilchen

ZUBEHÖR

Schaufel, Grabegabel, Handschaufel, Komposterde, Sand, Schnur

Statt bunt und lebhaft hätten Sie es lieber hell und elegant? Dann entscheiden Sie sich für dieses weiße Beet mit seinen hohen Stauden, die für Privatsphäre sorgen. Veilchen und Bartiris duften intensiv. Die Blätter und Blüten des Schnittknoblauchs geben vielen Gerichten ein zartes Knoblaucharoma. Die prächtigen Gestalten der Königskerze und die Blütenwogen der zarten Waldrebe erfreuen das Auge. Die hellen Blüten leuchten noch abends. Das Purpurglöckchen setzt mit zarten Blütenrispen Akzente.
An einer sonnigen, warmen Stelle in leichtem Sand- oder Kiesboden gedeihen Königskerze und Knoblauch optimal. Fügen Sie bei Bedarf deshalb groben Sand Ihrer Erde bei. Waldrebe und Purpurglöckchen hingegen mögen humosen Boden, deshalb bei ihnen nicht mit Komposterde sparen.

KURZINFO

Anlage	März – September
Standort	sonnig, ab 6 Std. Sonne
Bodentyp	durchlässig, humos
Beetgröße	1,6 × 1 m
Zeitbedarf	3–4 Std.
Pflegebedarf	2 Std./Monat
Level	✻

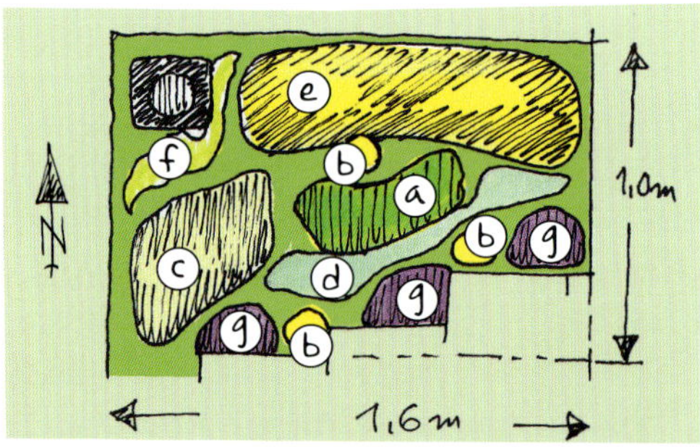

1 Purpurglöckchen

Heuchera × brizoides 'Schneewittchen'

BLÜTEZEIT: Juni – Juli, **HÖHE:** 15–50 cm
Dieses Purpurglöckchen schmückt auch im Winter mit seinen Blättern. In kalten Gegenden **mit Fichtenreisig abdecken.**

3 Silberkönigskerze

Verbascum bombyciferum 'Polarsommer'

BLÜTEZEIT: Juni – August, **HÖHE:** 90–160 cm
Die **schwefelgelben Blüten** der Silberkönigskerze erscheinen erst im zweiten Jahr, im ersten Jahr bildet sie ihre Blattrosette aus. Entfernen Sie laufend Verblühtes, das stärkt die Blühkraft. Steht sie sonnig und warm, an trockenen Standorten mit durchlässigen, eher nährstoffarmen Böden, samt sie sich selbst aus und sorgt so für Nachwuchs.

2 Schnittknoblauch

Allium tuberosum

BLÜTEZEIT: Juni – August, **HÖHE:** 30–40 cm
Über Salate gestreut, sind die zarten Blüten und schmalen **Blätter ein Genuss**. Diese Staude mag viel Sonne. Die Blütentriebe laufend ausbrechen. Viel gießen.

4 Wohlriechendes Veilchen

Viola odorata 'Alba'

BLÜTEZEIT: März – Mai, **HÖHE:** 10–15 cm
Dieses pflegeleichte Veilchen wächst gut auf normalem, humosem Boden. Mit seinen Ausläufern bildet es **dichte Bestände**. Es ist in allen Teilen essbar. Die Blüten in Zucker auf Torten: eine Augenweide.

Sonne Halbschatten essbar Duft Schnittblume

Deutscher Name	Erntegut	Verwendung	Porträt
Afrikanisches Basilikum *Ocimum kilimandscharicum × basilicum purpurascens* 'African Blue'	Blätter frisch und getrocknet	als Gewürz in vielen Speisen, im Duftsäckchen	S. 33
Ananasminze *Mentha suaveolens* 'Variegata'	Blätter und Blüten frisch	als Tee, in asiatischen Gerichten	S. 28
Basilikum *Ocimum basilicum*	Blätter und Blüten frisch	als Gewürz, z. B. in Tomatensauce, für Pesto	S. 28
Bergbohnenkraut *Satureja montana* 'Satyrion'	Blätter und Blüten frisch und getrocknet	vielseitiges Gewürz, nicht nur zu Bohnen	S. 89
Blutsauerampfer *Rumex sanguineus* var. *sanguineus*	junge Blätter frisch	Salate, Reisgerichte o. a.	S. 68
Bohne *Phaseolus vulgaris* 'Blauhilde'	Bohnenschoten	nur gekocht als Gemüse oder Salat	S. 28
Breitblättriger Gewürzsalbei *Salvia officinalis* 'Berggarten'	Blätter und Blüten frisch und getrocknet	zu Lammbraten und anderen Fleischgerichten, frische Blätter frittiert, als Tee	S. 68
Bunter Gewürzsalbei *Salvia officinalis* 'Tricolor'	Blätter und Blüten frisch und getrocknet	als Gewürz in vielen Gerichten, frische Blätter frittiert, als Tee	S. 84
Currykraut *Helichrysum italicum* 'Silbernadel'	Blätter und Blüten frisch und getrocknet	bringt Currygeschmack in Saucen, Reis- und andere Gerichte, Blüten als Tee	S. 88, 112
Echte Engelwurz *Angelica archangelica* 'Solveig'	ganze Pflanze	Blätter als Tee, Samen in Likör, Stängel kandiert oder als Gemüse; alte Heilpflanze – nicht bei Schwangerschaft und Magen-Darm-Geschwüren anwenden	S. 73
Echter Thymian *Thymus vulgaris* 'Compactus'	Blätter und Blüten frisch und getrocknet	als Gewürz in vielen Speisen, in Marmeladen, als Hustentee	S. 56
Erdbeere *Fragaria × ananassa*	Früchte; Blätter und Blüten frisch und getrocknet	Früchte frisch, Blätter als Tee, Blüten als Deko	S. 29
Gelbgrüner Frauenmantel *Alchemilla xanthochlora*	Blätter frisch und getrocknet	als Tee gegen Frauenleiden	S. 72
Gewürzsalbei *Salvia officinalis* 'Major'	Blätter und Blütenblätter frisch und getrocknet	in Ausbackteig frittiert, in Butter kross gebraten, als Würze	S. 89
Graues Heiligenkraut *Santolina chamaecyparissus*	Blätter und Blüten frisch und getrocknet	in ganz kleinen Mengen zum Würzen, als Räucherduft	S. 69, 84
Grünes Heiligenkraut *Santolina rosmarinifolia* 'Primrose Gem'	Blätter frisch und getrocknet	in kleinen Mengen zum Würzen, in Marinaden	S. 112
Hechtrose *Rosa glauca*	Blütenblätter, Früchte frisch und getrocknet	in Tees, Süßspeisen, als Deko, für Hagebuttenmarmelade, im Badewasser	S. 100
Hokkaido-Kürbis *Cucurbita maxima* convar. *hubbardiana*	Blüten und Früchte	Blüten und Früchte als Gemüse, für Marmelade	S. 33
Indianernessel *Monarda fistulosa × tetraploid*	Blätter und Blüten frisch und getrocknet	als Tee, zum Parfümieren von Essig, im Duftkissen, als Süßspeisendeko	S. 100
Kapuzinerkresse *Tropaeolum majus* 'Alaska Mixed'	Blätter, Blüten und Früchte frisch	bringt Senfgeschmack in Salate und andere Speisen, Knospen und Früchte als Kapernersatz	S. 29
Kaskadenthymian *Thymus longicaulis* ssp. *odoratus*	Blüten und Blätter frisch und getrocknet	als Gewürz in Salaten und anderen Speisen	S. 88
Kriechendes Bohnenkraut *Satureja spicigera*	Blüten und Blätter frisch und getrocknet	zu Hülsenfrüchten, in Eintöpfen, Suppen und Salaten; verdauungsfördernd	S. 56

Deutscher Name	Erntegut	Verwendung	Porträt
Kümmelthymian *Thymus herba-barona* 'Citriodora'	Blüten und Blätter frisch und getrocknet	Geschmack nach Kümmel, Thymian und Zitrone	S. 57
Oregano *Origanum vulgare × laevigatum* 'Aromaticum'	Blätter und Blüten frisch und getrocknet	zu mediterranen Gerichten	S. 69
Purpurfenchel *Foeniculum vulgare* 'Rubrum'	Blätter, Samen und Blüten frisch und getrocknet	Samen in Tees, Blätter frisch als Gewürz, Blütenstände zum Aromatisieren von Essig	S. 73
Purpurgewürzsalbei *Salvia officinalis* 'Purpurascens'	Blätter frisch und getrocknet	als Tee, frittiert, als Gewürz in vielen Gerichten	S. 44, 69
Ringelblume *Calendula officinalis*	Blütenblätter frisch und getrocknet	für Kräutertee, in Ringelblumensalbe	S. 29
Römische Minze *Calamintha* 'Hadrian'	Blätter und Blüten frisch und getrocknet	würzt Salate und andere Speisen, z. B. mediterrane Fleischgerichte	S. 88
Rose *Rosa* 'Bonica 82'	Blütenblätter und Früchte frisch und getrocknet	in Tees, Süßspeisen, als Deko, für Hagebuttenmarmelade, im Badewasser	S. 45
Sandthymian *Thymus serpyllum* 'Alba'	Blüten und Blätter frisch und getrocknet	in kleinen Mengen als Gewürz, im Duftkissen, als Hustentee	S. 85
Schnittknoblauch *Allium tuberosum*	Blüten und Blätter frisch	Blätter wie Schnittlauch, Blüten zum Garnieren	S. 149
Schopflavendel *Lavandula stoechas*	Blüten und Blätter frisch und getrocknet	in kleinen Mengen als Gewürz, im Duftkissen	S. 73
Strauchrose *Rosa* 'Graham Thomas' *Rosa* 'Rose de Resht'	Blütenblätter frisch und getrocknet	in Tees, Süßspeisen, als Deko, für Hagebuttenmarmelade, im Badewasser	S. 49, 85
Süße Limonenminze *Mentha* spec. 'Hillary's Sweet Lemon'	Blätter frisch	als Tee, zum Aromatisieren von (Süß-)Speisen	S. 145
Süßkartoffel *Ipomoea batatas* 'Blacky'	Knollen und Blätter frisch	Knollen roh, frittiert oder gekocht als Gemüse, Blätter als Spinatersatz	S. 33
Taglilie *Hemerocallis*-Hybride 'Stella d'Oro'	Blütenblätter	im Salat, in Süßspeisen, als Deko	S. 45
Tomate *Lycopersicon esculentum*	reife (!) Früchte; die rohen, unreifen Früchte sind giftig!	roh und gekocht als Gemüse, Marmelade aus grünen Tomaten	S. 29
Tüpfeljohanniskraut *Hypericum perforatum*	Blätter und Blüten frisch und getrocknet	Blätter als Tee, Würze, Blüten als schmerzstillendes Öl zum Einreiben (2 Monate in Olivenöl einlegen); Pflanze macht lichtempfindlich	S. 117
Waldmeister *Galium odoratum*	knospige Blüten mit Stängel angewelkt und getrocknet	für Bowle in Wein oder Saft ziehen lassen, getrocknet in Duftpotpourries	S. 15
Weinrebe *Vitis vinifera* 'Glenora'	Blätter und Früchte frisch und getrocknet	für gefüllte Weinblätter, Trauben frisch o. getrocknet (Rosinen) in Süßspeisen oder im Gulasch	S. 113
Weißer Beifuß *Artemisia ludoviciana* 'Silver Queen'	Blätter frisch und getrocknet	in kleinen Mengen als Gewürz, z. B. zu Ente	S. 129
Wiesenschafgarbe *Achillea millefolium*	Blätter und Blüten frisch und getrocknet	frisch als Wundheilmittel, getrocknet und frisch als Tee, junge Blätter in kleinen Mengen als Gewürz	S. 89
Wohlriechendes Veilchen *Viola odorata* 'Alba'	Blätter und Blüten frisch	junge Blätter im Salat, Blüten als Tee und in Zucker kandiert zu Süßspeisen	S. 149
Ysop *Hyssopus officinalis*	Blätter und Blüten frisch	Blätter als Gewürz, Blüten zum Dekorieren	S. 69, 113

REGISTER

Halbfett gesetzte Seitenzahlen verweisen auf Abbildungen.

ADRESSEN

Bodenuntersuchungen und Pflanzenschutz

Biologische Bundesanstalt für Land- und Forstwirtschaft
Königin-Luise-Straße 19
14195 Berlin
www.bba.de

Landwirtschaftliche Untersuchungsanstalten der Länder
Adressen über VDLUFA
Obere Langgasse 40
67346 Speyer
www.vdlufa.de

Blumenzwiebeln

Horst Gewiehs
Blumenzwiebelimport und Großhandel
Italienischer Weg 1
37287 Wehretal
www.gewiehs-blumenzwiebeln.de

Albrecht Hoch
Potsdamer Straße 40
14163 Berlin
www.albrechthoch.de

Sommerblumen

N.L. Chrestensen
Erfurter Samen- und Pflanzenzucht GmbH
Postfach 854
99008 Erfurt
www.gartenversandhaus.de

Sperli-Samen/Carl Sperling & Co
Hamburger Straße 35
21339 Lüneburg
www.sperli-samen.de

Stauden

Blumenschule Engler
Augsburger Straße 62
86956 Schongau
www.blumenschule.de

Kräuter- und Wildpflanzengärtnerei Strickler
Lochgasse 1
55232 Alzey
www.gaertnerei-strickler.de

Rühlemann's Kräuter & Duftpflanzen
Auf dem Berg 2
27367 Horstedt
www.kraeuter-und-duftpflanzen.de

Sarastro-Stauden
Ort 131
A–4974 Ort/Innkreis
www.sarastro-stauden.com

Staudengärtnerei Gaissmayer
Jungviehweide 3
89257 Illertissen
www.gaissmayer.de

Staudengärtnerei Gräfin von Zeppelin
Weinstraße 2
79295 Sulzburg-Laufen/Baden
www.graefin-v-zeppelin.com

Syringa
Bachstr. 7
78 247 Hilzingen-Binningen
www.syringa-samen.de

Obst

Häberli Fruchtpflanzen AG
CH-9315 Neukirch-Egnach
www.haeberli-beeren.ch

Rosen

Bioland-Rosenschule Ruf
Zum Sauerbrunnen 35
61231 Bad Nauheim-Steinfurth
www.rosenschule.de

W. Kordes' Söhne
Rosenstraße 54
25365 Klein Offenseth-Sparrieshoop
www.gartenrosen.de

Rosen Tantau Vertrieb GmbH
Tornescher Weg 13
25436 Uetersen
www.rosen-tantau.com

Weiden

Freitag Weidenart
Gartenstraße 21
85354 Freising
www.freitag-weidenart.com

Zubehör

Die Gartengalerie
Wössingerstraße 15
75045 Walzbachthal
www.gartengalerie.de

Gartenbedarf-Versand
Richard Ward
Günztalstraße 22
87733 Markt Rettenbach
www.gartenbedarf-versand.de

LITERATUR

Atkins, R.: **Lieblingspflanzen.** Callwey, München

Barlage, A./Fleuchaus, E./Haas, H./Jany, Ch./Schuster, T.: **Quickfinder Gartenpraxis.** Gräfe und Unzer Verlag, München

Chatto, B.: **Der Kiesgarten.** Ulmer Verlag, Stuttgart

Greiner, K./Weber, A.: **300 Fragen zu Kräutern.** Gräfe und Unzer Verlag, München

Greiner, K./Weber, A.: **Kräuter.** Gräfe und Unzer Verlag, München

Gröne, H./Kaiser, K.: **Immerblühende Beete.** Gräfe und Unzer Verlag, München

Hertle, B./Kiermeier, P./Nickig, M.: **Das große GU Praxishandbuch Gartenblumen.** Gräfe und Unzer Verlag, München

Hilgenstock, F./Witt, R.: **Das Naturgarten-Baubuch.** Callwey Verlag, München

Kingsbury, N./Oudolf, P.: **Pflanzendesign.** Ulmer Verlag, Stuttgart

Kress, C.: **Faszination Stauden.** Österreichischer Agrarverlag, Wien

Kreuter, M.-L.: **Der Biogarten.** BLV Buchverlag, München

Orel, C./Nickig, M.: **Der neue Blumen- und Staudengarten.** Ulmer Verlag, Stuttgart

Vleeschouwer, O. de: **Zauberhafte Blumenzwiebeln.** Delius Klasing, Bielefeld

AUTORIN

Die Gartenarchitektin *Heidi Janiček* (www.heidijanicek.de) hat seit mehr als 25 Jahren Erfahrung in der Gestaltung von Hausgärten. Sie veranstaltet auch Workshops zum Thema Gartengestaltung. Ihre kreativen Fähigkeiten sind sehr vielfältig und erstrecken sich auch auf die Malerei. Für ihre Gemälde lässt sie sich gerne von der Natur inspirieren. Darüber hinaus ist sie als Illustratorin für Gartenbuchverlage tätig und schreibt und bebildert Kinderbücher.

HINWEISE

- Bewahren Sie Dünge- und Pflanzenschutzmittel für Kinder und Haustiere unerreichbar auf.
- Suchen Sie bei Verletzungen umgehend einen Arzt auf. Eventuell ist eine Impfung gegen Tetanus erforderlich.
- Die meisten der hier vorgestellten Arten und Sorten sollten nicht im Übermaß verzehrt werden.
- Auf Heilwirkungen der Pflanzen kann hier nur hingewiesen werden. Bei gesundheitlichen Problemen sollten Sie stets einen Arzt oder Homöopathen zu Rate ziehen.

DANK

Verlag, Autorin und die Fotografin Barbara Kobler danken den Gartenbesitzern, Modells und Firmen für die freundliche Unterstützung bei der Fotoproduktion:

Susanne und Viktoria Behmenburg, Oberhausen
Walter Brumbauer, Feldafing (Naturwuchs-Gärten)
Claudia und Vivian Daunderer, Gauting
Torsten Ehnle, Neumarkt St. Veit
Angela Elfert, Stuttgart
Staudengärtnerei Gaissmayer, Illertissen
Regina Gattner, München
Lisa Kellner, Neubiberg
Irmtraud und Hans-Ulrich Kobler, Stuttgart
Daniela und Martin Laußer, Tutzing
Fam. Lex, Herrsching
Christiane, Bella und Sophia Lorenz, Tutzing
Helga Miedl, Neuried
Marion Mikisch, Feldafing
Anette, Linn und Pia Ramsvik, Hechendorf
Gärtnerei Stauden Spatz, Oberhausen (www.gaertnerei-staudenspatz.de)
Gartenbedarf-Versand Richard Ward, Markt Rettenbach

Die Autorin dankt außerdem Frauke Bahle für ihre einfühlsame und kompetente Mitarbeit am Manuskript.

Gartenlust pur

GU Pflanzenratgeber – So macht Gärtnern richtig Spaß

ISBN 978-3-8338-0245-4
176 Seiten | € 16,90 [D]

ISBN 978-3-8338-0046-7
192 Seiten | € 19,90 [D]

Das macht sie so besonders:

Kompetent – Alles, was Gärtner wissen müssen
Praxisnah – Profis zeigen, wie man's richtig macht
Inspirierend – So werden Gartenträume wahr

GU
Willkommen im Leben.

BILDNACHWEIS

Alle Bilder von **Barbara Kobler** mit Ausnahme von:
Bildagentur Beck: 44-2, 56-2, 69-2, 69-4, 69-5, 73-2, 85-2, 89-4, 112-1, 144-3; **Elke Borkowski:** 29-1, 33-1, 45-3, 60; **Ursel Borstell:** 91-1; **Hans Döring:** Cover; **FloraPress/Visions:** 15-3, 28-2, 113-4; **Staudengärtnerei Gaissmayer:** 14-3, 49-3, 57-1, 85-1, 89-1, 89-2, 113-1, 113-2, 128-1, 128-3, 129-3, 149-1, 149-3, 149-4; **GAP:** 2-3, 6, 7, 8, 15-1 15-2, 15-4, 28-1, 29-2, 29-3, 29-4, 44-1, 44-3, 45-1, 45-2, 45-4, 49-1, 49-2, 49-4, 50,72, 73-1, 74-1, 74-2, 84-1, 84-2, 84-3, 85-3, 100-1, 100-2, 100-3, 100-4, 101-2, 101-3, 101-4, 112-4, 117-1, 117-2, 117-3, 128-4, 129-1, 129-2, 129-5, 133-1, 133-2, 133-3, 145-1, 145-3, 145-4, 149-2; **Garden Collection:** 36, 68-3, 112-2, 120, 148; **GPL:** 56-1, 56-3, 57-2, 57-3, 69-1, 69-3, 113-3; **Heidi Janiček:** 4, 11, 23, 33-2, 39, 53, 59-1, 63, 79, 81, 95, 101-1, 107, 116, 123, 129-4, 136, 139; **Daniela Laußer:** 10, 13-5, 16-1, 16-2, 16-3, 17-1, 18ob., 18unt., 19, 20, 21, 31-2, 32-1, 33-4, 43, 46-1, 47-1, 47-2, 51, 52, 58-1, 66-3, 66-4, 67-1, 70-2, 71-1, 71-2, 86-1, 86-2, 87-1, 87-2, 87-3, 90-1, 99, 102-3, 103-1, 103-2, 114-1, 114-2, 115-1, 115-2, 115-3, 118-1, 118-2, 119-1, 119-3, 125, 128-2, 131-4, 144-2, 146-1, 147-1, 147-2, U4-2; **Gennaro Luvino:** 47-3, 76, 104; **Guido Sachse:** 68-1, 73-3, 73-4, 112-3; **Jutta Schneider:** 88, 132; **Michael Schulze:** 14-1, 14-2, 89-3, 117-4, 144-1; **Stockfood:** 17; **Friedrich Strauß:** 28-3, 33-3, 48, 68-2, 68-4, 109; **Reinhard Witt:** 133-4.

Illustrationen von Heidi Janiček, München.

Programmleitung: Christof Klocker
Leitende Redaktion: Anita Zellner
Redaktion und Konzeption: Angelika Holdau
Lektorat: Frauke Bahle, Karlsruhe
Bildredaktion: Daniela Laußer
Umschlaggestaltung und Layout: independent Medien-Design, München
Produktion: Gloria Pall
Satz: Bernd Walser Buchproduktion, München
Reproduktion: Wahl Media, München
Druck: Firmengruppe APPL, aprinta druck, Wemding
Bindung: Firmengruppe APPL, m.appl, Monheim
Printed in Germany

ISBN 978-3-8338-1525-6

1. Auflage 2009

GRÄFE UND UNZER

Ein Unternehmen der
GANSKE VERLAGSGRUPPE

DAS ORIGINAL GU MIT GARANTIE

Unsere Garantie

Alle Informationen in diesem Ratgeber sind sorgfältig und gewissenhaft geprüft. Sollte dennoch einmal ein Fehler enthalten sein, schicken Sie uns das Buch mit dem entsprechenden Hinweis an unseren Leserservice zurück. Wir tauschen Ihnen den GU-Ratgeber gegen einen anderen zum gleichen oder ähnlichen Thema um.

Liebe Leserin und lieber Leser,

wir freuen uns, dass Sie sich für ein GU-Buch entschieden haben. Mit Ihrem Kauf setzen Sie auf die Qualität, Kompetenz und Aktualität unserer Ratgeber. Dafür sagen wir Danke! Wir wollen als führender Ratgeberverlag noch besser werden. Daher ist uns Ihre Meinung wichtig. Bitte senden Sie uns Ihre Anregungen, Ihre Kritik oder Ihr Lob zu unseren Büchern. Haben Sie Fragen oder benötigen Sie weiteren Rat zum Thema? Wir freuen uns auf Ihre Nachricht!

Wir sind für Sie da!
Montag – Donnerstag: 8.00 – 18.00 Uhr;
Freitag: 8.00 – 16.00 Uhr
Tel.: 0180 - 5 00 50 54*
Fax: 0180 - 5 01 20 54*
E-Mail: leserservice@graefe-und-unzer.de

*(0,14 €/Min. aus dem dt. Festnetz/ Mobilfunkpreise können abweichen.)

P.S.: Wollen Sie noch mehr Aktuelles von GU wissen, dann abonnieren Sie doch unseren kostenlosen GU-Online-Newsletter und/oder unsere kostenlosen Kundenmagazine.

GRÄFE UND UNZER VERLAG
Leserservice
Postfach 86 03 13
81630 München